W0331090

MEMOIRE
en Images

LE BASSIN D'ARCACHON

GUIDE ALBUM
D'ARCACHON (Côte d'Argent)

10.266 habitants, canton de Bordeaux, est situé sur les bords du bassin qui porte son nom et dont l'étendue est de 15.500 hectares. La ville se divise en plusieurs parties : ville d'été, d'automne et d'hiver. La ville d'été établie depuis les bords de la plage aux pieds des dunes, le long de plusieurs rues dont la principale, le boulevard de la Plage, a plus de 4 kilomètres de long. Les villes d'automne et d'hiver constituent un assemblage d'un grand nombre de villas et chalets bâtis dans la forêt de pins, entourées pour la plupart de vastes parcs ou de magnifiques jardins. Grâce à l'uniformité de son climat, à sa proximité de Bordeaux, à son bassin et à ses environs, Arcachon est visité chaque année par plus de 240.000 baigneurs.

A visiter : 1° En ville (service des tramways électriques ou voitures publiques), le Casino de la Plage, le Casino mauresque en forêt et son parc, l'aquarium, l'Eglise Notre-Dame et la Chapelle Miraculeuse de Notre-Dame d'Arcachon (XVIIIe siècle), l'Observatoire Ste-Cécile et l'Eglise St-Ferdinand.

2° En bateau à vapeur, à voiles ou canot automobile : le Cap Féret, son phare, son sémaphore et sa forêt, l'Océan, l'île des Oiseaux et les Parcs à Huîtres, la Villa Algérienne et toute la côte avec les villages rustiques et habitations lacustres de l'Herbe, le Canon, Piraillan-les-Flots, Piquey, etc.

3° En tramway électrique ou en voitures excursionner dans la forêt et Arcachon ; aller jusqu'au Moulleau et revenir par le Parc des Abatilles, La Corniche et le Tir aux Pigeons. Le Moulleau possède deux Sanatoria.

4° En voiture à sable, aller aux Grandes Dunes du Sablouney, les plus hautes d'Europe, par le Figuier et la forêt du Pilat, revenir par l'étang de Cazaux (étendue 7.000 hectares) et la grande forêt de La Teste, renfermant au Truc de la Truque des puits séculaires et gigantesques (pins bornes).

La chasse à courre au fusil et à la tonne, le golf, le tir aux pigeons, le yatching, la pêche à la ligne et au filet, telles sont les principales distractions de cette station balnéaire.

Les principales ressources du Bassin d'Arcachon sont la pêche sous toutes ses formes, principalement la pêche à la sardine en pinasse-automobile et la pêche au chalut, l'élevage des huîtres, la récolte de la résine et les coupes de bois de pin.

On trouve à Arcachon et dans ses environs des Hôtels de tout premier ordre, ainsi que des villas et chalets à louer à la portée de outes les bourses.

Les Dimanches, depuis Bordeaux, des trains de plaisir de la Compagnie du Midi transportent les voyageurs à Arcachon (prix du billet : 1 fr. 50 aller et retour).

MEMOIRE
en Images

LE BASSIN D'ARCACHON

Jacques Clémens

ALAN SUTTON

Editions Alan Sutton
8, rue du Docteur Ramon
37540 Saint-Cyr-sur-Loire

Première édition octobre 1997

ISBN 2-84253-105-1

ISSN 1355-5723

Dépôt légal : octobre 1997
Imprimé en Grande-Bretagne par Oaklands Book Services Limited, Gloucestershire

Table des matières

Bibliographie

Dictionnaire de la cartophilie francophone, P.-N. Armand, Ed. P. Armand, 1990.
D'Arcachon à Andernos. Regards sur le bassin, Actes du congrès de la Fedération regionale du Sud-Ouest, Bordeaux, 1997.
Bulletin de la Société historique et archéologique d'Arcachon et du pays de Buch.
Arès, Mémoire en Images, Gérard Simmat, Ed. Alan Sutton, 1997.
Publications de M. Cassou-Mounat, J. Ragot et M. Baumann.

Introduction

La création, en 1982, d'un néologisme, *vicologie*, histoire et géographie du village ou du quartier (*vicus* en latin) avait pour objet d'inciter à une renaissance des recherches en géographie historique de la "petite patrie", selon l'expression des érudits locaux de la Belle Epoque. En effet, les relations entre l'occupation du sol, le peuplement, l'habitat, les paysages et les mentalités restent un immense territoire à explorer. La principale difficulté, outre la définition de nouvelles méthodes d'approche, reste le repérage des sources.

Avec l'utilisation de la carte postale illustrée du début du siècle, qui est non seulement l'image de paysages ou de personnages, mais aussi une expression, un nouveau domaine de l'histoire des mentalités est abordé : l'*iconologie* ou la *landschaftique* (selon l'expression de Bernard Quillet) c'est-à-dire l'histoire de la sensibilité au paysage.

Ce sont toutes ces réalités qui se retrouvent sur les nombreuses cartes postales du bassin d'Arcachon, qui n'est pas seulement une entité naturelle mais aussi un pays fort ancien : le pays de Buch.

Arcachon est avant tout un nom géographique. Il désigne uniquement la baie sur les plus anciennes cartes (XVe-XVIe siècles). L'emploi du terme bassin, dès 1708, traduit les divers projets de mise en place d'un port de guerre, de commerce, de pêche et enfin de plaisance.

C'est la baie la plus vaste du littoral atlantique. Elle communique avec l'océan par une ouverture de trois kilomètres de large entretenue par des puissants courants de marée. Elle présente une forme triangulaire et, à marée haute, couvre une surface de 15 500 hectares pour seulement 4 900 hectares à marée basse.

Partons donc à la découverte d'une petite mer et du pays qui s'est constitué au cours des siècles autour de ses rivages.

RENSEIGNEMENTS UTILES

SUR

ARCACHON

1913 - SAISON D'ÉTÉ - 1913

CHEMINS DE FER - TRAMWAYS

••• BATEAUX - MARÉES •••

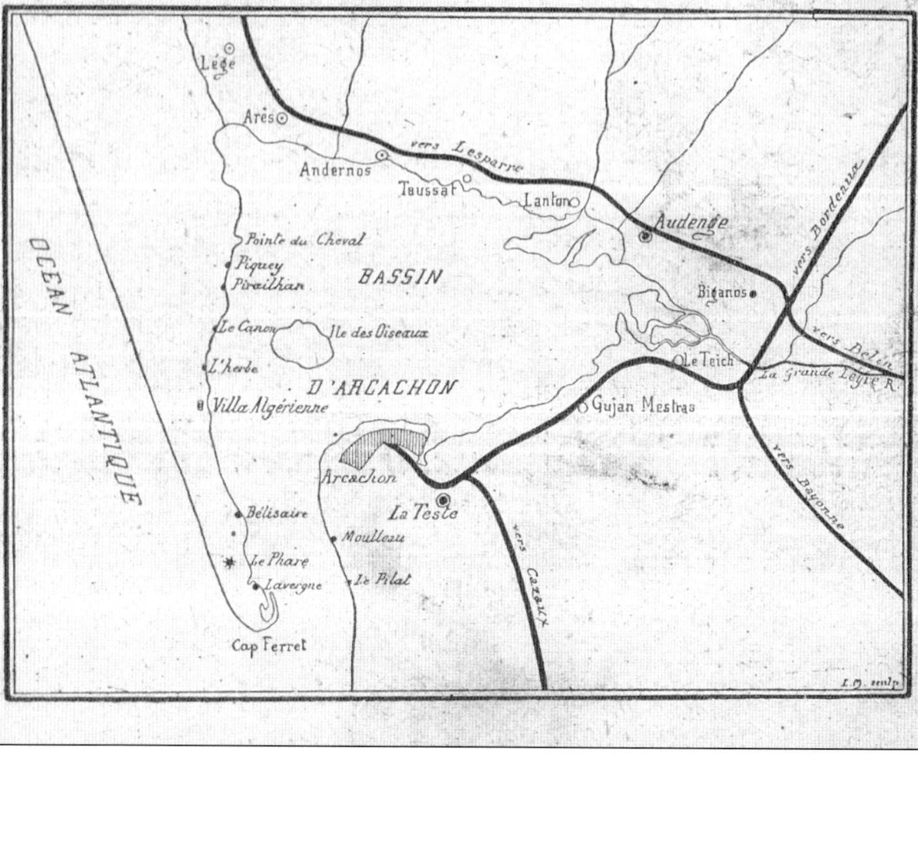

I

Une petite mer

Le bassin d'Arcachon est un "coin" de la côte atlantique. C'est une véritable petite mer entre les étangs de la côte d'Argent. Son existence est due à la Leyre et aux marées. C'est un cadre naturel en équilibre précaire. Les plantations de pins, dès le XVIIIe siècle, ont fixé les dunes. Mais le littoral connaît toujours une forte instabilité. Des espèces animales ou végétales disparaissent, d'autres les ont remplacées avec plus ou moins de bonheur.

Le bassin d'Arcachon a été dès le XVIIIe siècle l'objet d'investigations scientifiques. La Société scientifique d'Arcachon a été fondée en 1863. Elle a créé en 1867 une station biologique, une des plus anciennes du monde. La Société historique d'Arcachon a été fondée en 1927.

L'exploitation des carrières de Salles a été ainsi l'occasion de découvertes de gisements fossilifères. Plus récemment, Esso-Rep, société créée à la suite de la découverte du gisement de pétrole de Parentis-en-Born (Landes) en 1954, a découvert en 1962 le gisement de Lavergne, à la pointe du Cap-Ferret. Dix puits ont été forés, quatre restent producteurs. En 1991, a été découvert sur la commune de La Teste le gisement des Arbousiers. Grâce à la technique des forages déviés, le gisement a produit 1,7 million de tonnes de pétrole depuis l'origine.

Le bassin d'Arcachon est situé entre les étangs de la côte d'Argent. En effet, dès la fin de la période gallo-romaine, l'émissaire de l'étang de Cazaux vers l'océan a été obstrué. C'est le second lac de France avec ses 5 608 hectares. Le premier est celui de Hourtin, au nord du Bassin et de l'étang de Lacanau, avec 5 923 hectares. Dès la fin du XIXe siècle, est introduite par des amateurs, en particulier des Anglais, la pêche à la cuiller qui attire brochets et perches.

Le Bassin est donc la seule rupture de la côte d'Argent, baptisée ainsi par Maurice Martin en 1905. Il est encadré au sud par l'étang de Cazaux et au nord par l'étang de Lacanau (1 767 hectares). La pêche traditionnelle au filet a été active jusqu'au début du siècle dans ces étangs atlantiques.

La Leyre, appelée aussi l'Eyre dans son cours inférieur, se déverse dans le Bassin par un delta. C'est une ancienne Leyre qui a creusé le Bassin avant l'épandage des sables éoliens et c'est une élévation du niveau des mers (transgression flandrienne) qui a formé l'actuelle baie. Les blanchisseuses fréquentaient quotidiennement les berges. La construction de ponts a permis de désenclaver le pays de Buch.

Des canaux venant des étangs, eux-mêmes au-dessus du niveau de la mer, alimentent le Bassin en eau douce. En 1840, l'ouverture du canal de la Hume le relie à l'étang de Cazaux. Entre 1859 et 1872 sont creusés le canal du Porge et le courant de Lège qui amènent les eaux de l'étang de Lacanau et de marécages voisins.

Le littoral est très instable. Dès la fin de l'époque gallo-romaine se forma la presqu'île du Cap-Ferret. Au XVIIIe siècle, sa pointe se trouvait à Bélisaire. Elle a, depuis, gagné 5 kilomètres. Actuellement, la pointe subit de très considérables érosions qui ont englouti les blockhaus de la dernière guerre et des villas, tandis que la côte océanique est menacée sans cesse d'ensablement.

Face au Cap-Ferret, du côté du Bassin, au Pilat, la côte a reculé de 400 mètres entre 1851 et 1920. Les propriétaires durent construire sur la plage devant leurs villas des épis de bois de pins avec fascines. Les estacades et les épis de rondins ont depuis été remplacés par de hautes digues maçonnées et des perrés, mais les phénomènes d'érosion ont repris au Pyla et au Cap-Ferret.

Le Bassin est parsemé d'îles et de bancs de sable. A partir du XIXe siècle, le Cap-Ferret a régressé vers le nord. Des bancs, dont celui d'Arguin, se sont étendus. En 1972, le banc d'Arguin est devenu réserve naturelle. Il a fallu trouver un équilibre entre l'ostréiculture et la fréquentation touristique.

Au-delà des passes et du goulot d'entrée, se trouve le Bassin proprement dit avec ses chenaux ramifiés, ses vastes crassats (bancs vaseux) découverts à marée basse. Les chenaux séparent des îles dont la plus étendue est l'île des Oiseaux (1 500 hectares à marée basse et 300 hectares à marée haute). Actuellement, les crassats s'élèvent tandis que les chenaux s'approfondissent de plus en plus.

Le Bassin est bordé de dunes d'époques fort éloignées. Au sud, se succèdent plusieurs massifs de dunes anciennes, formées au plus tôt au Néolithique. Il s'agit en particulier de la Petite Montagne d'Arcachon sur laquelle s'est développée la ville et de la Grande Montagne de La Teste. La dune la plus haute de ce massif ancien est le Truc de la Truque (76 mètres). *Truc* signifie hauteur en gascon. Ci-dessus, on voit Arcachon, au-delà des pins rabougris par les vents océaniques.

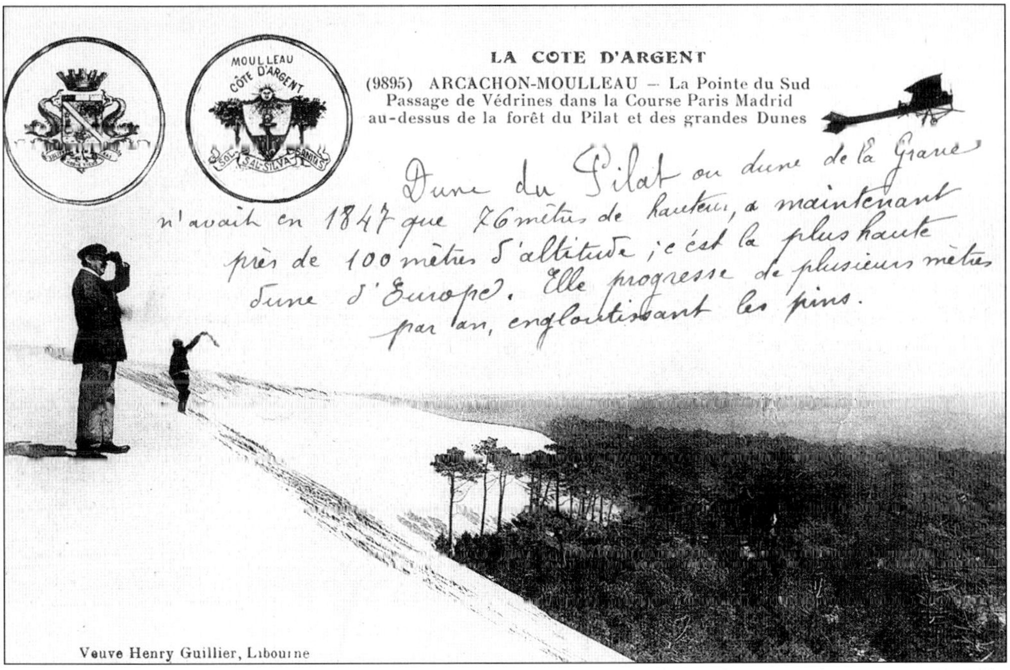

Pilat signifierait en gascon petit tas. Il s'agit de la plus haute dune d'Europe (110 mètres). Elle ne date que de la fin du XIXe siècle. On l'appelait auparavant Le Sabloney. Sa façade occidentale, sur le Bassin, subit une forte érosion et livre des sols d'habitats anciens fossilisés.

D'anciennes forêts ont existé autour du Bassin. Jusqu'au XVIIIe siècle, la lande, vaste étendue de broussailles, d'ajoncs et de bruyères était cependant le paysage dominant. La forêt de chênes ne subsistait qu'en bordure des ruisseaux. La toponymie rappelle ces forêts. Ainsi, Taussat signifie bois de chênes tauzins. En 1538, y est mentionnée une *artigue*, c'est-à-dire une terre récemment défrichée.

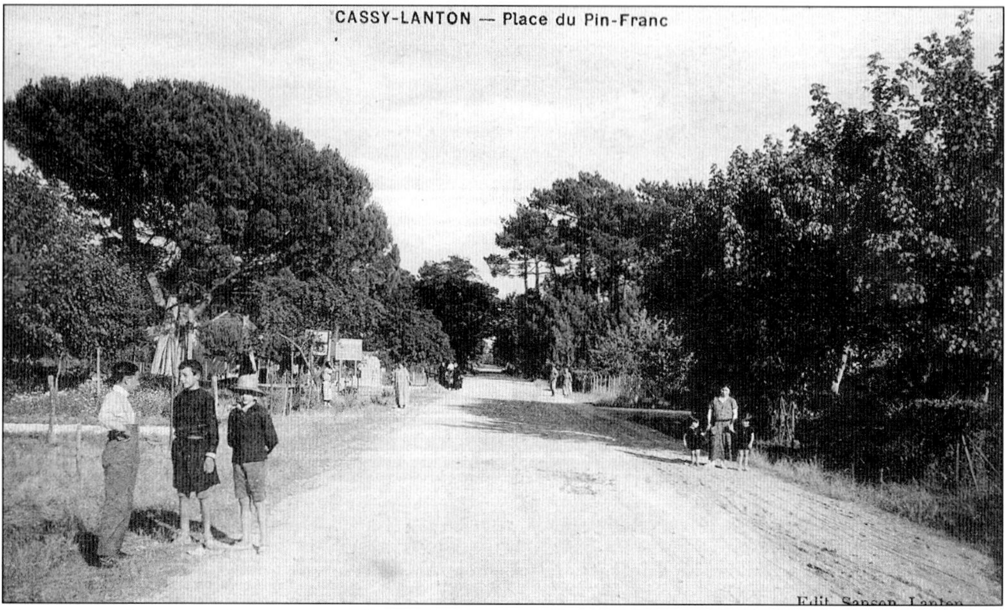

Cassy signifie aussi chênaie. Les statues de Notre-Dame-des-Monts, chapelle disparue près de La Teste et de Notre-Dame-du-Lac à Cazaux, datant de la fin du Moyen Age sont en bois de chêne. Jusqu'en 1852, il y avait devant la chapelle Notre-Dame-d'Arcachon une allée de chênes vénérables. On note sur le document la présence d'un arbre remarquable et différent du pin maritime : le pin sylvestre ou pignon.

Dans le sous-bois se mêlent l'ajonc, le genêt, la brande ou bruyère à balais, l'aubépine et parfois la fougère aigle. Avant la Révolution, on y appliquait le droit de soutrage, c'est-à-dire la coupe de la bruyère pour la litière dans les parcs à moutons. Aujourd'hui, ces plantes font le bonheur des promeneurs qui composent de gracieux bouquets.

Le marais maritime couvre 125 000 hectares dans les parties abritées du fond du Bassin. Pour enrichir les parcelles cultivées, on pratiquait la technique du coup, c'est-à-dire l'arrachage des mottes d'argile avec les joncs que l'on apportait sur les cultures. C'est le refuge de nombreuses espèces d'oiseaux.

L'histoire officielle attribue le boisement des dunes à Nicolas Brémontier (1738-1809) et le boisement de la lande à Jules Chambrelent (1817-1893). Le buste de Brémontier avait été inauguré sur une place d'Arcachon le 22 septembre 1878. Déjà en 1818 un monument avait été consacré à sa mémoire près de La Teste.

En réalité, l'idée d'utiliser le pin maritime, tant pour fixer le sable des dunes que pour assainir et mettre en valeur la lande est due à Guillaume Desbiey (1725-1785) et à son frère Mathieu, abbé (1734-1817). Cette idée a été inspirée d'initiatives locales et vulgarisée par Claude Deschamps et Henri Crouzet, des Ponts-et-Chaussées. Ces actions d'ensemencement ont été encouragées par le décret impérial de 1810 sur la fixation des dunes et la loi de 1857 sur la mise en valeur des landes.

Les ressources en eau douce du Bassin ne sont pas négligeables. Les fontaines, dites de Saint-Clair ou de Saint-Jean, sont nombreuses. Elles ont été jusqu'au début du siècle l'objet non seulement d'entretien mais aussi de pèlerinage. En 1856, des puits à fond filtrant et à parois imperméables furent creusés, ainsi que de nombreux puits artésiens qui ont survécu jusque dans les années 1930. C'est aussi la période de l'extension du réseau d'eau potable qui atteint dans les années 1970 la pointe du Cap-Ferret.

En 1923, la Société des hydrocarbures, prospectant du pétrole, a découvert la source Sainte-Anne, aux Abatilles, à une profondeur de 465 mètres. Un établissement thermal y fut même inauguré. Aujourd'hui, cette eau oligo-minérale est captée à 472 mètres et son embouteillage est l'activité essentielle.

Jusqu'au XVIe siècle, les pêcheurs basques et gascons capturaient des baleines dans le golfe de Gascogne. Des crânes de baleines ont été trouvés sur les bancs du Bassin en 1864 et en 1923. En 1906 et en 1912, des baleines se sont échouées à l'entrée du Bassin. Mais depuis, cet animal semble s'être raréfié sur nos rivages. La baleine n'est pas la seule espèce animale en voie de disparition.

Ainsi, ce n'est qu'en 1953 que les derniers petits chevaux des dunes ou *lédons* ont disparu. Il s'agissait de la race des petits chevaux landais dont on a retrouvé des vestiges archéologiques de plus de 5 000 ans avant notre ère. C'est aussi la disparition du loup. Notons que dans les années 1820, monsieur de Sauvage d'Arès a tenté d'introduire le chameau, sans grand succès.

II
Le pays de Buch

La mise en valeur balnéaire a oblitéré dès la fin du XVIIIe siècle le souvenir d'un des plus vieux pays de Gironde, le pays de Buch, héritier de la cité antique et de l'évêché des Boïens et intégré dès le Xe siècle dans l'évêché de Bordeaux. Mais jusqu'au XIXe siècle, les Bougès (habitants du pays de Buch) ont conservé leur habit traditionnel, comme l'atteste le dessin du comte Gustave de Galard (1779-1841) en 1814.

Cette photographie de la fin du XIXe siècle révèle l'aspect de la plage avant la construction des promenades et des jetées. Mais, ce qui est aussi très significatif, c'est la localisation d'Arcachon "près Bordeaux". Arcachon ayant atteint la notoriété, les éditeurs de cartes postales abandonnent très vite la référence à Bordeaux. Mais les relations avec Bordeaux restent privilégiées.

Comme l'illustre le char d'Arcachon au carnaval de Bordeaux, le Bassin est le vivier à poissons de la capitale girondine, au moins depuis le début du XIIe siècle. L'huître du Bassin reste très prisée.

Ce sont surtout les fouilles archéologiques qui ont permis de mieux connaître les origines du pays de Buch. Les fouilles du docteur Bertrand Peyneau (1855-1934), conduites entre 1885 et 1915, ont permis de situer Boïos, chef-lieu des Boïens (ou Boïates) à Lamothe (commune du Teich). En 1930, l'exposition des objets découverts, en particulier des urnes funéraires, était inaugurée au musée de la Société scientifique à Arcachon.

Ce musée conserve aussi différentes inscriptions d'époque moderne, mais aussi un relief du début du XIIe siècle provenant du prieuré de Saint-Pierre-de-Comprian. Il représente la transmission de la nouvelle Loi à saint Pierre. Au-dessus de ce relief, à l'extrême droite sur la photo, a été posé un petit chapiteau médiéval, une figure d'Atlante réduite à un buste, provenant aussi de Comprian.

Des sites du Bassin témoignent des origines antiques du pays de Buch. Ce pays tire son nom d'un peuple celte arrivé sans doute vers le milieu du VIIe siècle avant Jésus-Christ. Ce peuple est mentionné par César et Pline. La fréquence des noms de lieux à suffixe *os* est, semble-t-il, un témoignage de son implantation le long des rives de la Leyre. Le chef-lieu se trouvait à Lamothe, dans une sorte d'île.

En 1904, le comte de Sarrau a fouillé une basilique antique à côté de l'église actuelle d'Andernos. Ces vestiges sont toujours visibles. L'épitaphe d'un évêque des Boïens a été trouvée. C'est une des plus anciennes inscriptions chrétiennes de France. L'évêché de Buch a disparu au début de Ve siècle. Au XIIIe siècle, son territoire formant les deux archiprêtrés de Buch et de Born est définitivement intégré dans le diocèse de Bordeaux.

Le pays de Buch a été traversé par des voies romaines et au Moyen Age par un chemin de Saint-Jacques-de-Compostelle. La Croix-d'Hins (*Fines*) marquait la frontière entre la cité antique de Bordeaux et celle de Buch. Une voie romaine reliait Bordeaux à Dax par la Croix-d'Hins, Lamothe-Biganos et Sanguinet. Une autre passait par Salles. Jusqu'au XIXe siècle, les Bougès apportant leur poisson à Bordeaux faisaient une halte à l'hôtellerie de la Croix-d'Hins pour laisser reposer leur attelage. Puis, une gare fut construite.

Le chemin royal de Bordeaux à Bayonne franchissait la Leyre à Belin où étaient enterrés, selon la légende, plusieurs compagnons d'armes de Charlemagne. Les pèlerins de Saint-Jacques-de-Compostelle venant de Soulac faisaient étape à l'hôpital du prieuré de Saint-Pierre-de-Comprian (commune de Biganos). C'est la seule communauté monastique du pays de Buch, attestée dès 1085. Les bâtiments ont été démolis pendant la Révolution.

Les seize paroisses du pays de Buch sont fort anciennes, comme l'attestent leur vocable et leur configuration. La plupart des églises ont été reconstruites sous l'égide du cardinal-archevêque de Bordeaux, Ferdinand Donnet (1837-1882). Outre l'église de Mios (fin XVe siècle), l'église la plus ancienne est Lanton (fin XIIe siècle).

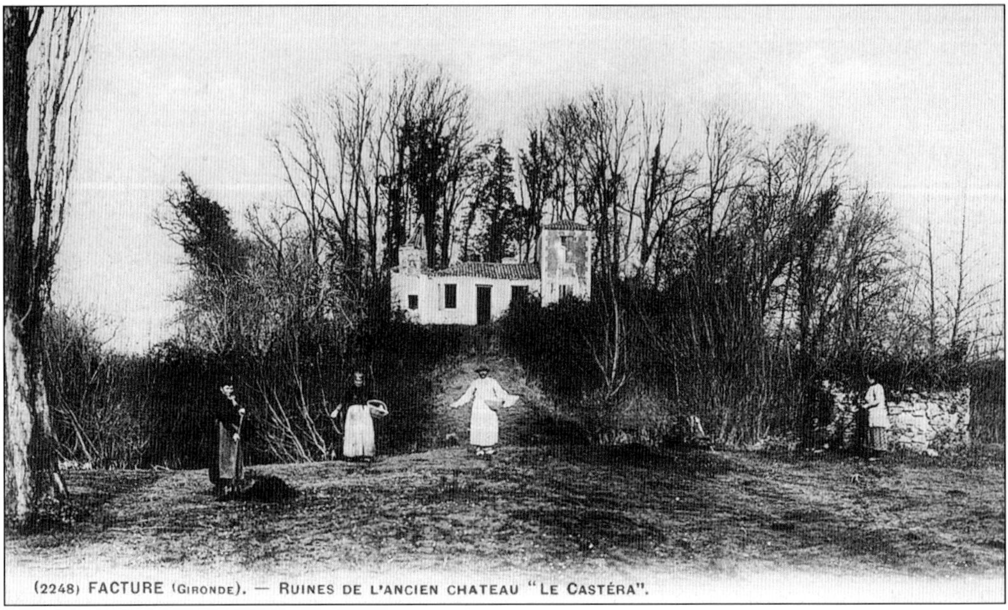

Un autre type de vestiges du Moyen Age existe encore en pays de Buch : les mottes, monticules de terre artificiels édifiés entre le XIe et le XIIIe siècle, époque d'insécurité et de domination des *milites*. Ce type d'habitat défensif et seigneurial a fourni le nom médiéval du chef-lieu antique des Boïens : Lamothe. Ces ouvrages de terre s'appellent aussi castéra, du latin *castrum* (château fort).

Jusqu'au XVIIIe siècle, l'histoire du pays de Buch se confond avec celle des familles féodales et seigneuriales : partages familiaux et successions. La dénomination du principal seigneur est particulièrement originale : captal de Buch. Le captalat de Buch était composé de La Teste, Gujan et Cazaux. Son château fort se dressait à La Teste. Ses vestiges même ont disparu.

Le captalat de Certes, apparu à la fin du Moyen Age, détenait Certes, Lanton, Biganos, Mios, Lamothe, Le Teich et partie des paroisses voisines. Le château fort était à Certes, paroisse d'Audenge. Vers 1620, la baronnie d'Audenge fut à son tour démembrée au profit des baronnies d'Andernos et de Lacanau. Vers 1754, le château de Certes a été reconstruit par le marquis de Civrac. Il est successivement la propriété du danseur Dauberval, de E. Valeton de Boissière et de la famille Descas. Actuellement il est en cours de réhabilitation.

Aux mottes et aux châteaux forts succédèrent, à l'époque moderne, des résidences aristocratiques ou bourgeoises. La seigneurie de Buch demeura, jusqu'en 1713, la propriété des héritiers des captaux de Buch. Ces derniers la vendirent alors à J.-B. Amanieu de Ruat. Il fit bâtir au Teich un château qui fut donc la dernière résidence des captaux de Buch.

Arès devint baronnie en 1601. Le château brûla en 1706 et fut donc reconstruit. Léopold Javal, banquier parisien, l'acheta en 1843. Il resta jusqu'à la Seconde Guerre mondiale la propriété de sa fille, madame Wallerstein.

Au XIXe siècle, le Bassin perd son rôle de frontière défensive. Le vieux canon, retiré des sables en 1899, au Moulleau, et le canon du jardin public du Canon (commune de Lège) sont les derniers témoins de la défense des côtes pendant les guerres de la Révolution et de l'Empire. Lors de la Seconde Guerre mondiale, c'est une brève renaissance du rôle de frontière avec la construction des blockhaus du Mur de l'Atlantique.

Mais jusqu'à nos jours a survécu une frontière administrative. La Ferme générale constituée en 1726 est devenue, en 1791, les douanes nationales. Les services ont été progressivement regroupés à Arcachon et à Bordeaux. Le Trésor public s'implante ; ainsi, à Audenge, la perception se trouve dans un édifice qui ne dépare pas l'environnement.

L'emprise de la République s'illustre dans le paysage. Adolphe Thiers est venu au Grand hôtel d'Arcachon en 1875. En 1877, c'est la visite du maréchal de Mac-Mahon, second président de la IIeme République. Sur le plan départemental, deux cantons sont créés en 1790 : Belin et La Teste. En 1800, est créé le canton d'Audenge et, en 1906, celui d'Arcachon.

Ainsi, les 16 paroisses du pays de Buch constituèrent 15 communes, la paroisse de Cazaux ayant été rattachée à La Teste. Ensuite furent créées les communes suivantes : Arès en 1851, Arcachon en 1857, Marcheprime en 1947. En 1936, Gujan devint Gujan-Mestras. En 1974, la commune de Beliet fusionna avec Belin. En 1976, la presqu'île du Cap-Ferret, rattachée dès 1790 à La Teste, fut intégrée à Lège.

Parmi les personnages politiques du Bassin, il faut signaler Veyrier-Montagnères (1852-1934), qui a été maire d'Arcachon entre 1897 et 1922. Il a aussi représenté le canton de La Teste (dont faisait partie Arcachon), puis celui d'Arcachon au Conseil général de la Gironde durant vingt-sept ans, entre 1898 et 1925. Il a été appelé "Le Tourny" ou "Le Haussmann arcachonnais", ce qui révèle l'importance de son oeuvre pour Arcachon.

Risque-Tout, la villa de Veyrier-Montagnères, au Moulleau, était un des hauts lieux de la vie arcachonnaise. Entre 1902 et 1914, le maire et son épouse y organisèrent au moins une trentaine de déjeuners et dîners. Le prince Albert Ier de Monaco, la reine Ranavalo III de Madagascar, des ministres, l'infante Eulalie d'Espagne, les rugbymen d'Afrique du Sud, etc. y furent reçus. Cette villa a aujourd'hui disparu.

Les initiatives politiques ont eu d'autant plus de succès que le bassin d'Arcachon connaît depuis le XIXe siècle un très important essor démographique, dû en grande partie à l'arrivée de population extérieure.

Près de 85 000 habitants sédentaires vivent actuellement autour du bassin d'Arcachon. Ils étaient seulement 15 000 à la fin du XVIIIe siècle ; 18 500 habitants en 1831 et 31 000 en 1876. On vieillit bien autour du Bassin.

Certains lieux-dits évoquent la topographie des dunes : Pilat (petit tas de sable), Moulleau (gros tas), Piquey (monticule), Abatilles (petites vallées), Crohot (trou). La forme gasconne de ces noms révèle une certaine ancienneté. D'autres sont liés à des personnages. Ainsi, Marcheprime doit son nom à un Pierre Raymond de Biganos (1810-1874), dont le surnom, Marcheprime, signifierait : trottinant à petits pas. Propriétaire de l'auberge du lieu, il lui laissa son surnom.

Facture est le surnom héréditaire de la famille Laroche de Biganos. Un *estrangey*, Laroche, au surnom "Facture" (ouvrier) était arrivé à Biganos au début du XVIIe siècle. Le nom de lieu Facture est mentionné dès la fin du XVIIIe siècle.

Il n'est pas étonnant qu'au XIXe siècle fleurissent de nombreux autres lieux-dits. Le nommé Bouzat de La Teste, maître de barque, surnommé Piraillan, avait une cabane près de Piquey qui lui servait pendant la saison des pêches. Piraillan devint le nom du quartier.

Au Cap-Ferret, des quartiers ont pris eux aussi les noms de leurs premiers habitants ou animateurs. Le quartier de Bélisaire a pris son nom de Barthélemy Daney (1836-1913), surnommé Bélisaire et présenté en 1912 "*comme le véritable fondateur de la première colonie du Cap-Ferret*".

Mais le XIXe siècle est pour l'histoire du Bassin, avant tout, celui de la création de la ville d'Arcachon. Sur son site, une chapelle Notre-Dame a été construite en bois par le Franciscain Thomas Illyricus qui aurait trouvé en 1519, sur la plage, la Vierge miraculeuse. Une deuxième chapelle l'a remplacée en 1624. En 1722, la chapelle est reconstruite. Enfin, en 1856, l'église paroissiale actuelle d'Arcachon est édifiée.

Arcachon est en effet une "ville champignon" née au cours de la seconde moitié du XIXe siècle. La construction du chemin de fer a déterminé son essor. La ligne Bordeaux-La Teste, une des premières lignes de chemin de fer de France, fut inaugurée en 1841 et son prolongement jusqu'à Arcachon réalisé en 1857.

La situation d'Arcachon est particulièrement attrayante. Le lieu-dit Le Moutchic, sur le 45° de latitude, est à égale distance entre le pôle Nord et l'Equateur. Le Bassin bénéficie d'un climat océanique à vocation balnéaire, avec une remarquable luminosité et une relative sécheresse. C'est en outre le point du littoral le plus rapproché de Bordeaux, d'où des dimanches à la plage en famille...

Dès 1852, des trains de plaisir à tarif réduit amenaient chaque dimanche de Bordeaux des milliers de voyageurs, ce qui provoqua l'installation de petits boutiquiers, marchands de souvenirs, cafetiers. En 1857, Arcachon comptait 388 habitants et 9 279 en 1914, mais accueillait chaque année 250 000 personnes environ.

Le développement d'Arcachon reste lié cependant bien davantage à son rôle de ville de cure qu'à celui de station estivale. Une des causes de ce développement a été la littérature médicale vantant les mérites du climat et de la forêt de pins. Ainsi, le docteur Jean Hameau (1779-1851), maire de La Teste et précurseur de Louis Pasteur, ne cessa, par la parole et par la plume, de vanter les bienfaits du climat d'Arcachon. Son monument fut inauguré en 1900. La statue de bronze a été enlevée par les Allemands en 1941.

Une grande diversité d'hébergement s'offrait aux malades et aux convalescents. Les plus riches louaient une maison ou logeaient dans les maisons de familles spécialement équipées. Pour les autres, des établissements spécialisés furent créés : les sanatoriums.

Le sanatorium créé en 1887 par le docteur Armaingaud pouvait accueillir quatre cents enfants en été et deux cent cinquante en hiver. Le sanatorium protestant, tout proche, en accueillait quatre-vingt-cinq. Lors de la grande crue de la Seine en 1910, ils ont accueilli de nombreux enfants de Paris.

En effet, jusqu'à la mise au point définitive du B.C.G. en 1924, les efforts pour combattre la tuberculose ont porté essentiellement sur la définition et l'application de mesures prophylactiques et la généralisation des cures. Par décret présidentiel de 1914, Arcachon était érigé en station climatique.

En 1886, le docteur F. Lalesque avait préconisé la cure marine hivernale. En 1897, à la place du séjour en sanatorium, il proposa la cure libre. Ainsi, en 1913, la ville d'hiver d'Arcachon est devenue le berceau de la cure libre en France. Elle se déroulait selon les prescriptions médicales soit en pleine forêt (cure forestière), soit sur les bords du Bassin (cure marine), soit près de la mer, dans un site abrité des vents (cure mixte).

Le docteur Lalesque a réalisé avec un architecte un projet de "villa hygiénique moderne", facilitant la désinfection. Dans sa publication, la reproduction du "petit modèle de villa hygiénique" est celle de la villa *La Fourmi*. En 1939, le rôle médical d'Arcachon était en déclin, le corps médical était de plus en plus favorable aux stations d'altitude.

Mais c'est surtout les bains de mer qui firent le succès d'Arcachon. En effet, sa femme lui ayant apporté en dot un terrain en bordure du Bassin, le capitaine Legallais a construit en 1823 un établissement des bains pour l'accueil des "étrangers", estivants, baigneurs, curistes et touristes. En 1824, la duchesse de Berry avait lancé à Dieppe la mode des bains de mer.

En 1838, fut créé un poste d'inspecteur des bains de mer d'Arcachon, dont le docteur Hameau, de La Teste, fut le premier titulaire. La grande saison de bains de mer allait du 15 juillet à la fin septembre. Il s'agissait pour beaucoup de se baigner surtout les pieds.

III
La villégiature

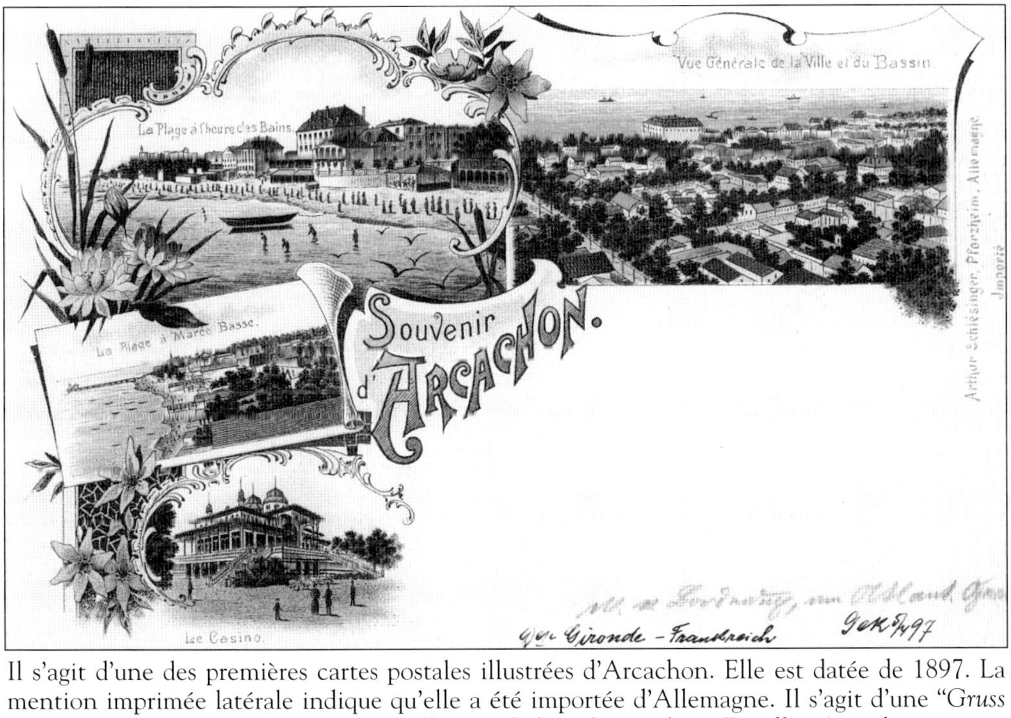

Il s'agit d'une des premières cartes postales illustrées d'Arcachon. Elle est datée de 1897. La mention imprimée latérale indique qu'elle a été importée d'Allemagne. Il s'agit d'une "*Gruss aus*". Les quatre vues illustrent essentiellement le bâti d'Arcachon. En effet, Arcachon est une ville nouvelle du XIXe siècle.

La devise latine d'Arcachon choisie par Lamarque de Plaisance (1813-1880), son premier maire, peut être ainsi traduite : "*Hier solitude, aujourd'hui village, demain cité*". Il partagea la nouvelle commune en quartiers : Ville d'Eté (nord), Ville d'Automne (est), Ville d'Hiver (sud) et Ville de Printemps (ouest). La solitude et l'immensité ne se retrouvent désormais que sur le rivage de l'océan.

A. Deganne (1817-1886) qui a été lui aussi maire d'Arcachon a fait construire au bord de la plage, en 1853, un château, sur le modèle du château de Boursault, près d'Epernay (Marne). Ce château, réaménagé avec une salle des fêtes et une salle de théâtre en 1903, est devenu le casino de la Plage. En 1989, la ville l'a racheté. Il est le coeur de la Ville d'Eté.

(904) ARCACHON. — VILLE D'HIVER. LES CHALETS ET LES PINS.

La Ville d'Hiver, construite sur les dunes boisées du littoral, est la première des cités-jardins de France (1862). En effet, la Compagnie du Midi, qui avait pris en charge la ligne de chemin de fer Bordeaux-Arcachon, créa une filiale, la Société immobilière d'Arcachon. Elle fit construire, en 1867, 73 villas. En 1906, on en comptait 118.

(1071) ARCACHON. RENDEZ-VOUS DE CHASSE AU CASINO (ÉQUIPAGES D'ARCACHON).

Par la construction de la Ville d'Hiver, il s'agissait pour les frères Emile et Isaac Pereire, patrons de la Compagnie du Midi, de rentabiliser la ligne de chemin de fer qui fonctionnait principalement l'été et de réaliser une fructueuse opération immobilière. Le casino Mauresque fut construit par eux en 1863. Il a été détruit par un incendie en 1977.

La première ville bâtie est donc la Ville d'Eté le long du rivage, à l'emplacement de la forêt. C'est la partie vraiment urbaine et agglomérée d'Arcachon, où se trouvent la plupart des hôtels, des cafés et des magasins. Le débarcadère d'Eyrac est terminé en 1845. La place Thiers est réalisée en 1882.

C'est donc la naissance d'"Arcachon moderne". Sous l'égide de Veyrier-Montagnères, maire d'Arcachon de 1897 à 1922, sont construits : jetées, promenades, boulevard Maritime, parc des Abatilles, promenade de la Corniche, église de Saint-Ferdinand, etc. La plage connaît, surtout l'été, une animation et une fréquentation fort importantes. Les porteurs de glaces accentuent le pittoresque des scènes.

Arcachon est une "ville lumière" à la Belle Epoque. En 1914, Arcachonnais et touristes pouvaient, lors de leurs promenades vespérales, jouir de la lumière électrique diffusée par les candélabres installés sur les principales voies de la cité. L'éclairage et le chauffage au gaz sont installés depuis 1869. En 1901, débuta la construction d'une centrale thermique destinée à alimenter en électricité d'une part la ligne de tramway de l'Aiguillon au Moulleau et d'autre part le réseau de distribution aux particuliers.

Depuis la législation du 2 août 1923, des syndicats intercommunaux prirent en charge la desserte électrique de l'ensemble du littoral de la pointe de Grave au Cap-Ferret, avec les syndicats du Médoc et d'Arès, à l'exception de La Teste et d'Arcachon qui bénéficièrent donc d'une desserte précoce.

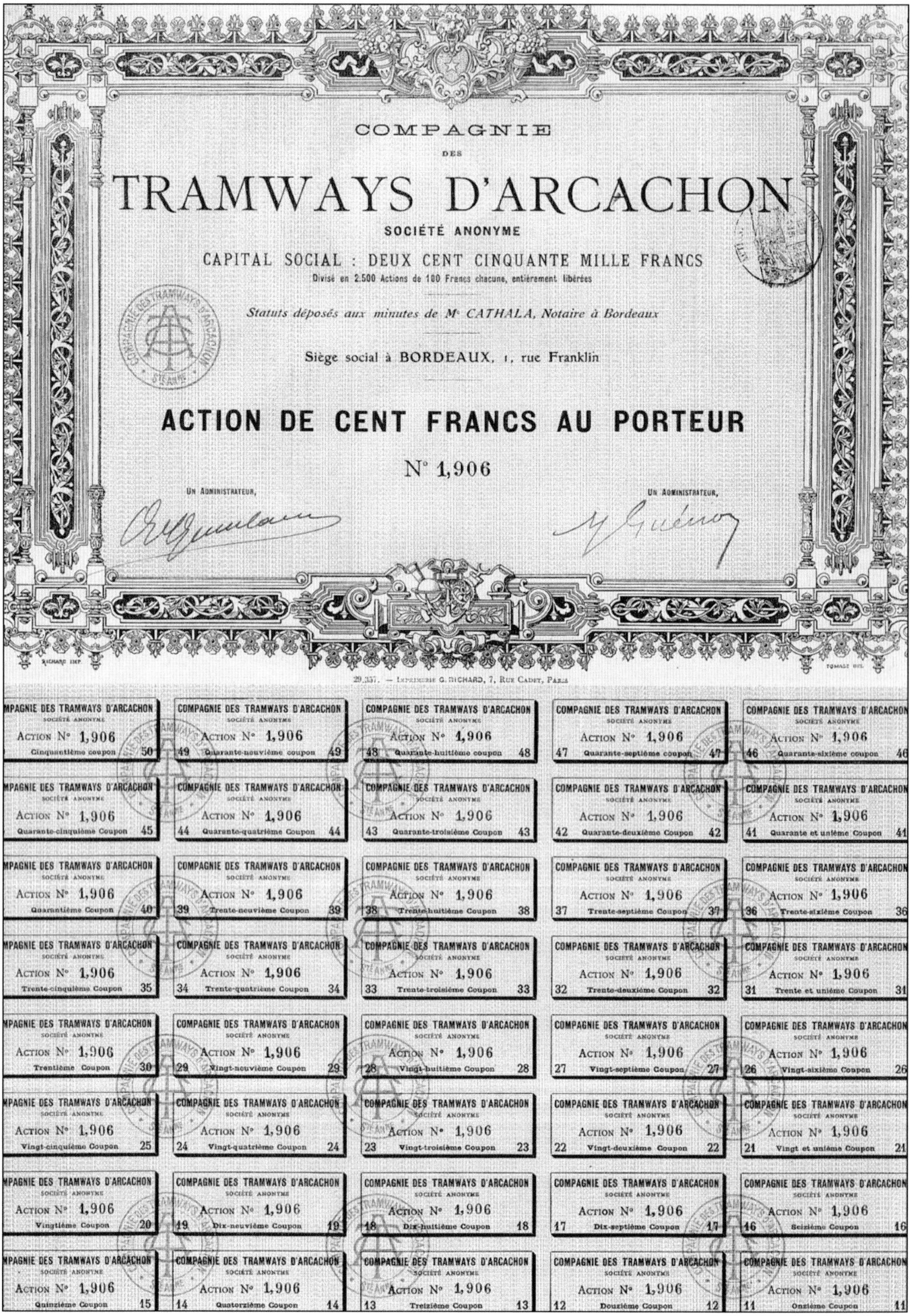

COMPAGNIE

DES

TRAMWAYS D'ARCACHON

SOCIÉTÉ ANONYME

CAPITAL SOCIAL : DEUX CENT CINQUANTE MILLE FRANCS

Divisé en 2.500 Actions de 100 Francs chacune, entièrement libérées

Statuts déposés aux minutes de Mᵉ CATHALA, Notaire à Bordeaux

Siège social à BORDEAUX, 1, rue Franklin

ACTION DE CENT FRANCS AU PORTEUR

N° 1,906

Un Administrateur, — Un Administrateur,

RICHARD IMP. — TOMASZ DEL.

29,337. — Imprimerie G. Richard, 7, Rue Cadet, Paris

MPAGNIE DES TRAMWAYS D'ARCACHON SOCIÉTÉ ANONYME ACTION N° 1,906 Cinquantième coupon 50	COMPAGNIE DES TRAMWAYS D'ARCACHON SOCIÉTÉ ANONYME ACTION N° 1,906 49 Quarante-neuvième coupon 49	COMPAGNIE DES TRAMWAYS D'ARCACHON SOCIÉTÉ ANONYME ACTION N° 1,906 48 Quarante-huitième coupon 48	COMPAGNIE DES TRAMWAYS D'ARCACHON SOCIÉTÉ ANONYME ACTION N° 1,906 47 Quarante-septième coupon 47	COMPAGNIE DES TRAMWAYS D'ARCACHON SOCIÉTÉ ANONYME ACTION N° 1,906 46 Quarante-sixième coupon 46
MPAGNIE DES TRAMWAYS D'ARCACHON SOCIÉTÉ ANONYME ACTION N° 1,906 Quarante-cinquième Coupon 45	COMPAGNIE DES TRAMWAYS D'ARCACHON SOCIÉTÉ ANONYME ACTION N° 1,906 44 Quarante-quatrième Coupon 44	COMPAGNIE DES TRAMWAYS D'ARCACHON SOCIÉTÉ ANONYME ACTION N° 1,906 43 Quarante-troisième Coupon 43	COMPAGNIE DES TRAMWAYS D'ARCACHON SOCIÉTÉ ANONYME ACTION N° 1,906 42 Quarante-deuxième Coupon 42	COMPAGNIE DES TRAMWAYS D'ARCACHON SOCIÉTÉ ANONYME ACTION N° 1,906 41 Quarante et unième Coupon 41
MPAGNIE DES TRAMWAYS D'ARCACHON SOCIÉTÉ ANONYME ACTION N° 1,906 Quarantième Coupon 40	COMPAGNIE DES TRAMWAYS D'ARCACHON SOCIÉTÉ ANONYME ACTION N° 1,906 39 Trente-neuvième Coupon 39	COMPAGNIE DES TRAMWAYS D'ARCACHON SOCIÉTÉ ANONYME ACTION N° 1,906 38 Trente-huitième Coupon 38	COMPAGNIE DES TRAMWAYS D'ARCACHON SOCIÉTÉ ANONYME ACTION N° 1,906 37 Trente-septième Coupon 37	COMPAGNIE DES TRAMWAYS D'ARCACHON SOCIÉTÉ ANONYME ACTION N° 1,906 36 Trente-sixième Coupon 36
MPAGNIE DES TRAMWAYS D'ARCACHON SOCIÉTÉ ANONYME ACTION N° 1,906 Trente-cinquième Coupon 35	COMPAGNIE DES TRAMWAYS D'ARCACHON SOCIÉTÉ ANONYME ACTION N° 1,906 34 Trente-quatrième Coupon 34	COMPAGNIE DES TRAMWAYS D'ARCACHON SOCIÉTÉ ANONYME ACTION N° 1,906 33 Trente-troisième Coupon 33	COMPAGNIE DES TRAMWAYS D'ARCACHON SOCIÉTÉ ANONYME ACTION N° 1,906 32 Trente-deuxième Coupon 32	COMPAGNIE DES TRAMWAYS D'ARCACHON SOCIÉTÉ ANONYME ACTION N° 1,906 31 Trente et unième Coupon 31
MPAGNIE DES TRAMWAYS D'ARCACHON SOCIÉTÉ ANONYME ACTION N° 1,906 Trentième Coupon 30	COMPAGNIE DES TRAMWAYS D'ARCACHON SOCIÉTÉ ANONYME ACTION N° 1,906 29 Vingt-neuvième Coupon 29	COMPAGNIE DES TRAMWAYS D'ARCACHON SOCIÉTÉ ANONYME ACTION N° 1,906 28 Vingt-huitième Coupon 28	COMPAGNIE DES TRAMWAYS D'ARCACHON SOCIÉTÉ ANONYME ACTION N° 1,906 27 Vingt-septième Coupon 27	COMPAGNIE DES TRAMWAYS D'ARCACHON SOCIÉTÉ ANONYME ACTION N° 1,906 26 Vingt-sixième Coupon 26
MPAGNIE DES TRAMWAYS D'ARCACHON SOCIÉTÉ ANONYME ACTION N° 1,906 Vingt-cinquième Coupon 25	COMPAGNIE DES TRAMWAYS D'ARCACHON SOCIÉTÉ ANONYME ACTION N° 1,906 24 Vingt-quatrième Coupon 24	COMPAGNIE DES TRAMWAYS D'ARCACHON SOCIÉTÉ ANONYME ACTION N° 1,906 23 Vingt-troisième Coupon 23	COMPAGNIE DES TRAMWAYS D'ARCACHON SOCIÉTÉ ANONYME ACTION N° 1,906 22 Vingt-deuxième Coupon 22	COMPAGNIE DES TRAMWAYS D'ARCACHON SOCIÉTÉ ANONYME ACTION N° 1,906 21 Vingt et unième Coupon 21
MPAGNIE DES TRAMWAYS D'ARCACHON SOCIÉTÉ ANONYME ACTION N° 1,906 Vingtième Coupon 20	COMPAGNIE DES TRAMWAYS D'ARCACHON SOCIÉTÉ ANONYME ACTION N° 1,906 19 Dix-neuvième Coupon 19	COMPAGNIE DES TRAMWAYS D'ARCACHON SOCIÉTÉ ANONYME ACTION N° 1,906 18 Dix-huitième Coupon 18	COMPAGNIE DES TRAMWAYS D'ARCACHON SOCIÉTÉ ANONYME ACTION N° 1,906 17 Dix-septième Coupon 17	COMPAGNIE DES TRAMWAYS D'ARCACHON SOCIÉTÉ ANONYME ACTION N° 1,906 16 Seizième Coupon 16
MPAGNIE DES TRAMWAYS D'ARCACHON SOCIÉTÉ ANONYME ACTION N° 1,906 Quinzième Coupon 15	COMPAGNIE DES TRAMWAYS D'ARCACHON SOCIÉTÉ ANONYME ACTION N° 1,906 14 Quatorzième Coupon 14	COMPAGNIE DES TRAMWAYS D'ARCACHON SOCIÉTÉ ANONYME ACTION N° 1,906 13 Treizième Coupon 13	COMPAGNIE DES TRAMWAYS D'ARCACHON SOCIÉTÉ ANONYME ACTION N° 1,906 12 Douzième Coupon 12	COMPAGNIE DES TRAMWAYS D'ARCACHON SOCIÉTÉ ANONYME ACTION N° 1,906 11 Onzième Coupon 11

La Belle Epoque à Arcachon est marquée par une recherche du confort, en particulier dans les déplacements. En 1883, une passerelle est construite au-dessus d'un chemin creux pour relier l'observatoire de Sainte-Cécile au casino Mauresque. Un funiculaire en facilite aussi l'accès. En projet depuis 1899, le tramway de l'Aiguillon au Moulleau entra en service le 4 avril 1911.

Le jour de l'inauguration du tramway, c'est aussi l'inauguration de l'éclairage électrique assuré par une usine nouvellement construite. L'installation du gaz (1878), du téléphone (1891) et de la glacière (1898), etc. rendent la vie quotidienne de plus en plus facile et agréable.

Des équipements publics ou privés (gymnase, salle d'armes, lawn-tennis, etc.) sont mis en place dès la seconde moitié du XIXe siècle pour offrir de nombreux loisirs. Ainsi, en 1910, un tir aux pigeons est installé sur la dune du parc des Abatilles. Le kiosque sur la place Thiers devint le lieu de fréquentes manifestations musicales.

Un golf est fondé en 1904. Il présente 9 trous et un parcours de 2 440 mètres. Pour permettre à la ville d'avoir la propriété des terrains du golf et *country-club*, le maire Veyrier-Montagnères fait appel à la générosité de son beau-père, Mateo Petit, en 1909. Quant au champ de courses, il est devenu, en signe de reconnaissance, le stade Mateo Petit.

La Ville d'Hiver est prolongée par les quartiers du Moulleau et des Abatilles. Avant 1863, il n'y avait au Moulleau qu'un poste de douaniers et une cabane appelée Etablissement de bains. En 1864, une petite chapelle, Notre-Dame-des-Passes, est consacrée par le cardinal Donnet. En 1897, Veyrier-Montagnères crée la Société anonyme et immobilière du Moulleau et l'implantation des villas s'accélère.

En 1906, c'est la création, aux Abatilles, d'un parc de 41 hectares, au profit de la ville d'Arcachon. En 1923, la source Sainte-Anne est exploitée, ce qui conforte le cachet particulier de ce quartier entre Arcachon et le Moulleau.

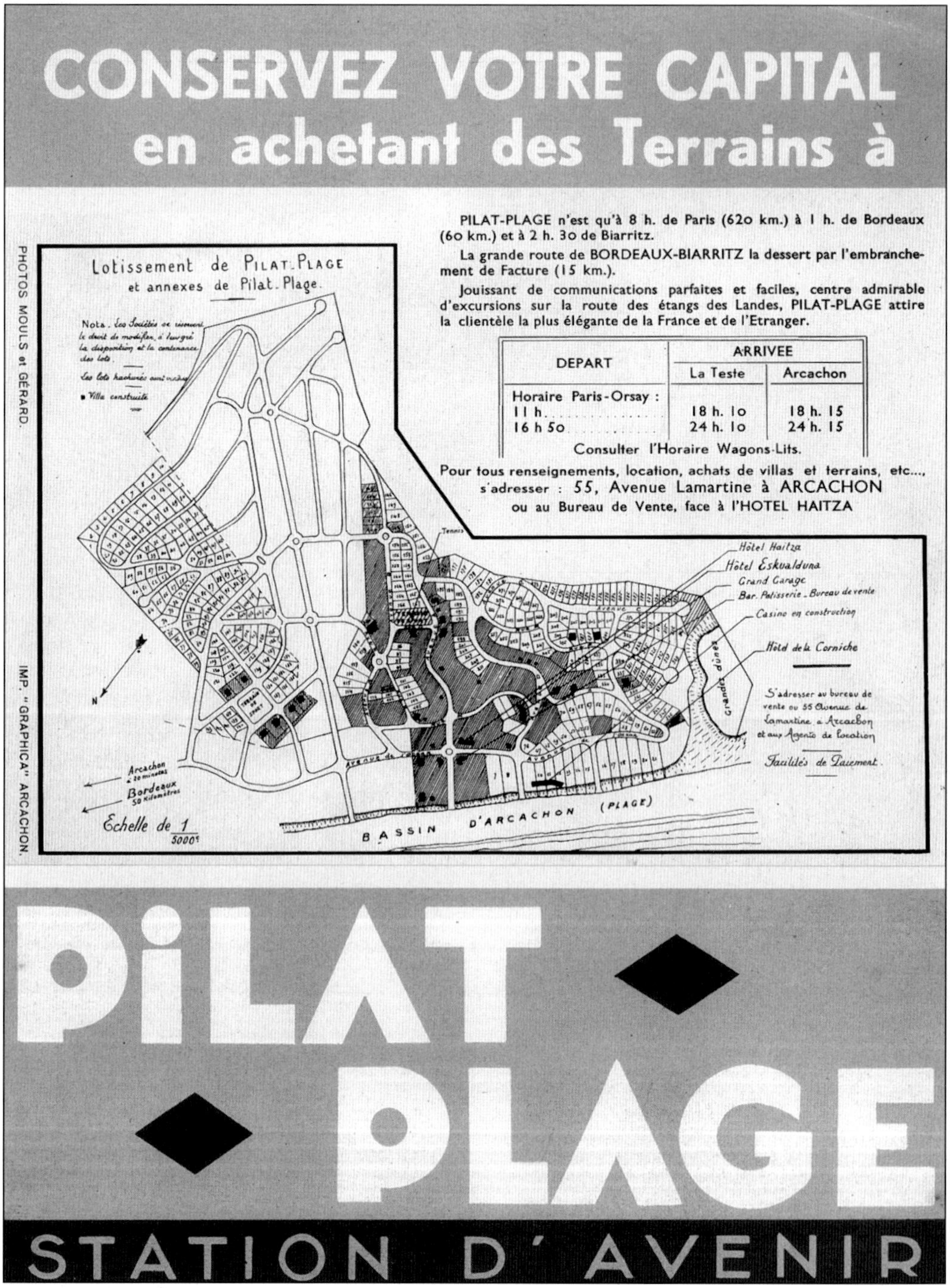
CONSERVEZ VOTRE CAPITAL
en achetant des Terrains à
PILAT-PLAGE n'est qu'à 8 h. de Paris (620 km.) à 1 h. de Bordeaux (60 km.) et à 2 h. 30 de Biarritz.
La grande route de BORDEAUX-BIARRITZ la dessert par l'embranchement de Facture (15 km.).
Jouissant de communications parfaites et faciles, centre admirable d'excursions sur la route des étangs des Landes, PILAT-PLAGE attire la clientèle la plus élégante de la France et de l'Etranger.
DEPART
ARRIVEE
La Teste
Arcachon
Horaire Paris-Orsay :
11 h. 18 h. 10 18 h. 15
16 h 50 24 h. 10 24 h. 15
Consulter l'Horaire Wagons-Lits.
Pour tous renseignements, location, achats de villas et terrains, etc..., s'adresser : 55, Avenue Lamartine à ARCACHON
ou au Bureau de Vente, face à l'HOTEL HAITZA
Lotissement de Pilat-Plage
et annexes de Pilat-Plage.
Villa construite
Tennis
Hôtel Haitza
Hôtel Eskualduna
Grand Garage
Bar. Patisserie - Bureau de vente
Casino en construction
Hôtel de la Corniche
Grandes dunes
S'adresser au bureau de vente ou 55 Avenue de Lamartine à Arcachon et aux Agents de location
Facilités de Paiement
Arcachon à 20 minutes
Bordeaux 50 kilomètres
Echelle de 1/5000e
BASSIN D'ARCACHON (PLAGE)
PHOTOS MOULS et GÉRARD.
IMP. " GRAPHICA" ARCACHON.
PILAT PLAGE
STATION D'AVENIR

L'attraction de la côte océane prolonge les lotissements à l'ouest d'Arcachon, sur la commune de La Teste. De 1924 à 1940 sont créés une dizaine de lotissements à Pyla-sur-Mer et trois à Pilat-Plage. Mais c'est aussi l'échec du lotissement de l'Eden de la Côte d'Argent, en arrière des dunes de Pissens.

En 1916, Daniel Meyer crée la Société anonyme immobilière de Pyla-sur-Mer qui lotit 143 hectares. La route de La Teste à Pyla-sur-Mer est inaugurée en 1931. En 1928, une nouvelle station avait été créée : Pilat-Plage. Il faut aussi mentionner, à l'est d'Arcachon, la naissance d'un nouveau quartier vers les années 1930, celui de la Règue-Blanque (*règue* signifiant dune).

A côté d'Arcachon, "ville champignon", et de La Teste, gros bourg au début du siècle, s'égrènent le long du littoral de vieux bourgs et de petits ports fort pittoresques. En 1847, fut créé sur la commune de Lège, près du canal, un haut-fourneau, au lieu-dit La Forge. On y fabriqua probablement des clous, ce qui donna le nom à un autre quartier : Claouey. Vers 1930, un lotissement se développa : Piclaouey.

Audenge formait en 1914, avec le village voisin de Certes, une longue rue et était habité par des pêcheurs, des résiniers et des ouvriers de l'industrie du bois. A un kilomètre de là se trouvaient le port et les réservoirs à poissons.

Cette station balnéaire et climatique s'était orientée vers l'accueil des enfants : préventorium et nombreuses colonies de vacances. Une digue et une place en terrasse ont été construites en bordure de la plage. La photographie montre l'état des lieux avant ces aménagements.

Madame Wallerstein a vendu en 1912 des terrains pour construire au Broustey et à Betey. Ainsi, au sud-est d'Andernos se sont développés de nouveaux quartiers, notamment le lotissement d'Andernos-Palace-Park entre la route et le rivage, avec square, digue-promenade, tennis et piscine. La mention "*Ville d'Hiver*" indique que le modèle de tous ces lotissements et aménagements est Arcachon.

L'urbanisation des bourgs et des villages du Bassin s'effectue à partir du début du siècle sous la forme de lotissements. Taussat, l'un des trois villages formant la commune de Lanton, est d'origine très ancienne. C'est un ancien domaine agricole de 365 hectares. Eugène Ernest Le Cousturier de Courcy, propriétaire, créa la station balnéaire en 1856. Les derniers lotissements datent des années 1960.

En 1860, c'est l'ouverture de la route Facture-Arès, en 1865 la construction de la chapelle, en 1879 la création du port et en 1884 la desserte par le chemin de fer. Entre 1898 et 1910, de belles et grandes demeures bourgeoises apparurent sur la plage. La chapelle de Courcy est remplacée par la nouvelle église Saint-Louis, terminée en 1963.

Vers 1920, Cassy était aussi une modeste station climatique en formation, avec quelques chalets disséminés dans les pins et une petite plage sur le Bassin. Une colonie scolaire y a été installée par la Maîtrise de l'église primatiale de Saint-André à Bordeaux.

La Hume, "*petite station balnéaire*", est née aussi d'un lotissement, en 1928. Quelques villas étaient déjà implantées, dont celle de l'infante Eulalie, tante du roi d'Espagne, la villa *Sans Souci.*

Sur la côte Noroit, le boisement a commencé en 1902. La presqu'île appartenait dans sa quasi-totalité à l'Etat. Jusqu'en 1914, la côte, de Lège au Cap-Ferret, est à peu près déserte et uniquement accessible par bateau depuis Arcachon. Les parqueurs d'Arès, de Gujan et de La Teste construisirent des cabanes sur le domaine public maritime d'où ils partaient pour travailler leurs parcs ostréicoles voisins, ainsi est né le village de L'Herbe.

Au début du siècle naissent donc ces villages tournés vers le Bassin, aux petites ruelles bordées de baraques en bois : Claouey, Le Four, Piquey, Le Canon, Piraillan, L'Herbe, le Cap-Ferret. A proximité des débarcadères s'implantent quelques chalets, un hôtel et parfois un commerce ou deux. En 1925, il y avait trois villas au Canon.

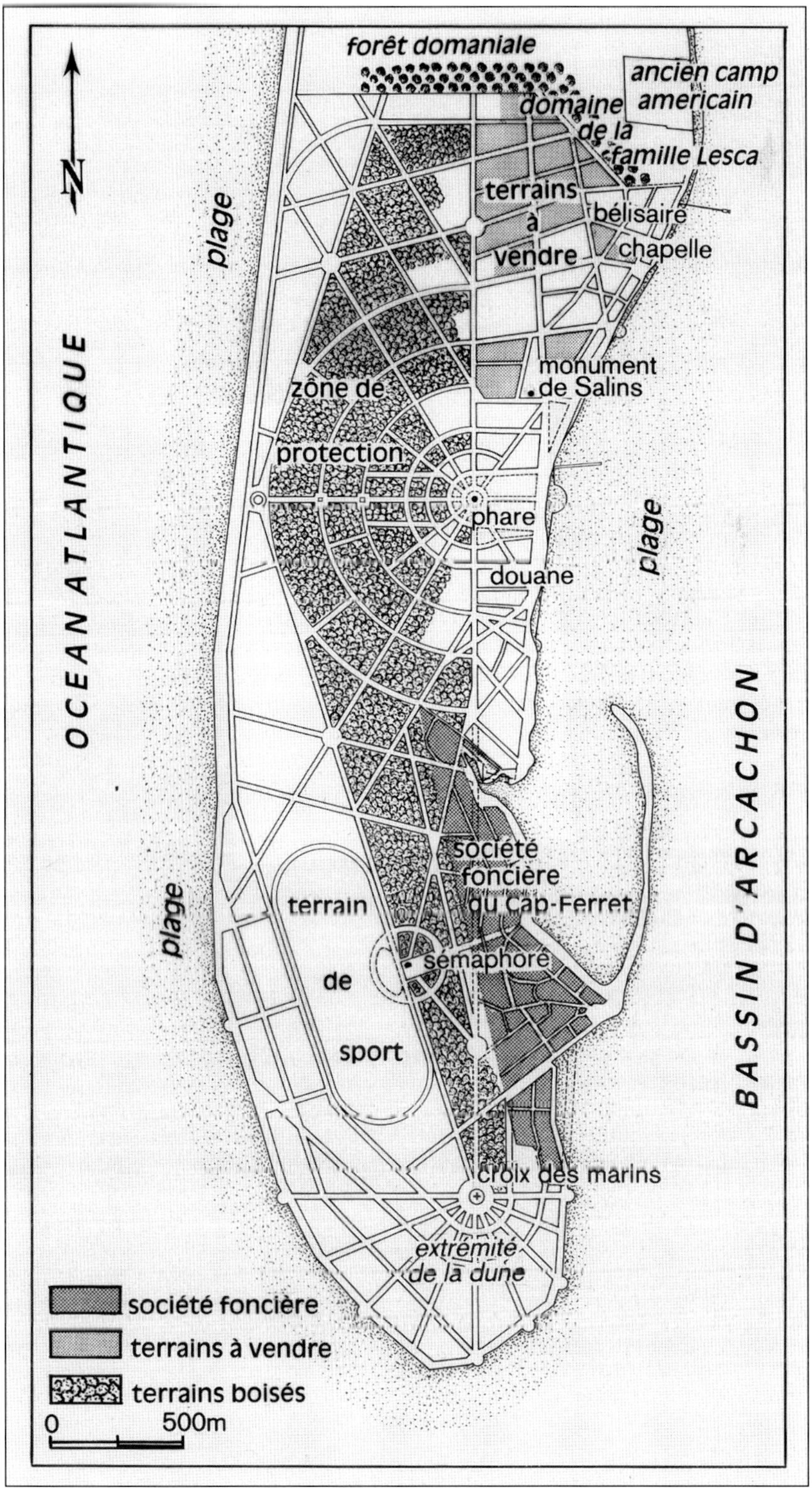

Projet de lotissement du Cap-Ferret vers 1922.

Entre les stations balnéaires de Soulac (1839-1857), de Lacanau-Océan (1899-1904) et la ville d'Arcachon, la presqu'île du Cap-Ferret restait un des derniers "déserts". Il n'était troublé que par les pêcheurs, les ostréiculteurs, les chasseurs, mais aussi par les excursionnistes venus d'Arcachon de plus en plus nombreux. En 1893, on inaugurait Notre-Dame-des-Flots qui fut érigée en paroisse en 1936.

En août 1906, eut lieu la cession par l'Etat de 44 hectares dans le quartier de Lavergne, près du sémaphore où s'implanta le premier lotissement de La Pointe. Ensuite, un vaste lotissement sur 400 hectares environ est réalisé pour l'essentiel entre les deux guerres dans des conditions plus ou moins régulières par Alexandre Joyeux (1866-1959). Cette situation se reproduisit au lotissement de La Vigne avec Brice Maurel (1910-1969).

Près du village de pêcheurs de L'Herbe furent bâties par Léon Lesca (1825-1913) la villa algérienne (actuellement démolie) et une chapelle, Notre-Dame-des-Dunes. Cet entrepreneur de travaux publics s'était enrichi en particulier à la suite de la construction des quais du port d'Alger.

A partir du milieu du XIXe siècle, le type d'habitat qui se diffuse sur tout le pourtour du Bassin est donc celui de la villa, c'est-à-dire un habitat dispersé de résidences secondaires. Les styles de construction sont d'une grande diversité et parfois d'une grande fantaisie. Mais les nouvelles techniques et les nouveaux matériaux de construction ont été très tôt adoptés.

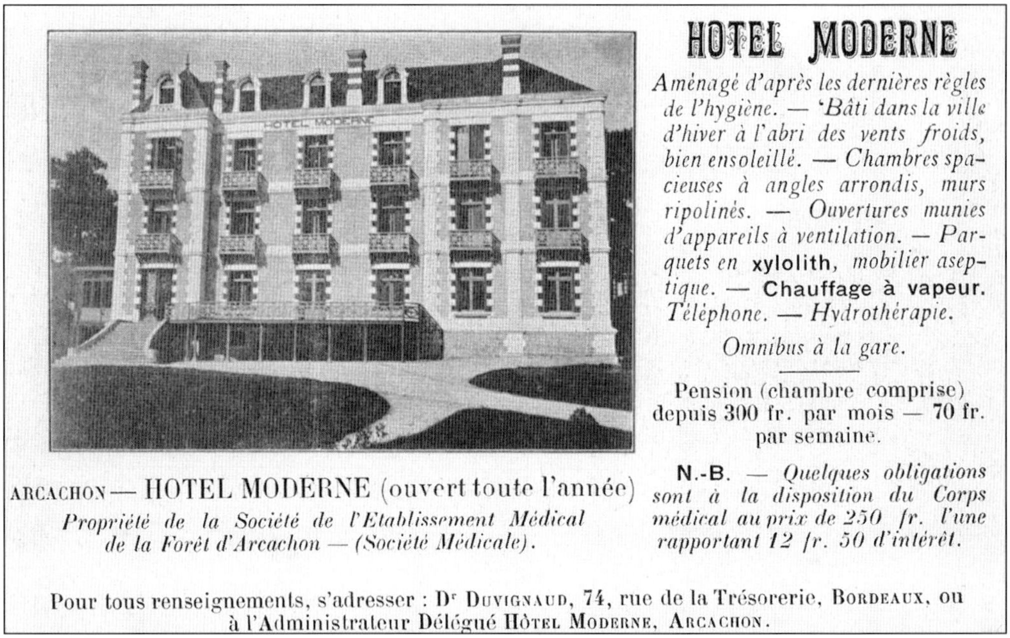

Le Bassin a connu aussi l'édification de nombreux hôtels et l'implantation de divers commerces et services. Dès 1865, Arcachon comptait quinze hôtels et cinq pensions de famille et, en 1925, vingt-cinq hôtels et quarante-et-une pensions de famille.

En 1886, eut lieu à Arcachon la construction de la halle centrale avoisinant la mairie. Pendant l'entre-deux-guerres, ces marchés se multiplient autour du Bassin comme à Andernos. L'approvisionnement, sauf pendant les deux guerres mondiales, a toujours été abondant et varié. Les prix étaient à peu près ceux de Paris, avec cependant un renchérissement au mois d'août.

Les nouvelles formes d'habitat n'ont pas éliminé l'habitat traditionnel. Les maisons des notables étaient construites en pierre de lest ou en *garluche*, les plus riches en pierre de taille, venue par mer. Les quartiers de pêcheurs avaient un tout autre aspect avec leurs petites cabanes.

Lamothe-du-Teich révèle une autre influence d'habitat traditionnel, le chalet landais à colombages. Mais la différence se retrouvait aussi dans l'usage du gascon. Sur le Bassin, on parlait "*cla*", c'est-à-dire le gascon clair, par opposition au gascon noir ou "*neugue*" de la lande. Le parler "*neugue*" se reconnaîssait entre autres au fait que le *E* muet se prononçait "*eu*".

Les pontons sont une autre forme d'habitat précaire mais pittoresque. Les pêcheurs et les ostréiculteurs s'installant sur la côte Noroit ont ainsi utilisés comme habitations temporaires de vieux bateaux qu'ils avaient échoués à marée haute sur des bancs de sable ou sur la côte. Ces maisons flottantes des gardiens des parcs étaient au nombre de cinquante à La Teste, en 1877.

Ces pontons ont survécu dans les années 1930 ; ils ont servi de poulaillers et bûchers. Un nommé Bonnieu, de Gujan, dit Papillon, en avait transformé un en restaurant flottant. Notons que sur l'île aux Oiseaux, se dressaient des cabanes "tchanquées" (cabanes sur pilotis).

IV
Les Bougès et la lande

Jusqu'au début du XXe siècle, les activités des Bougès n'étaient pas spécialisées. Le travail était rude et s'effectuait, en général, en famille. Les femmes étaient vouées surtout aux travaux de la terre et au ramassage des coquillages, les hommes étaient marins.

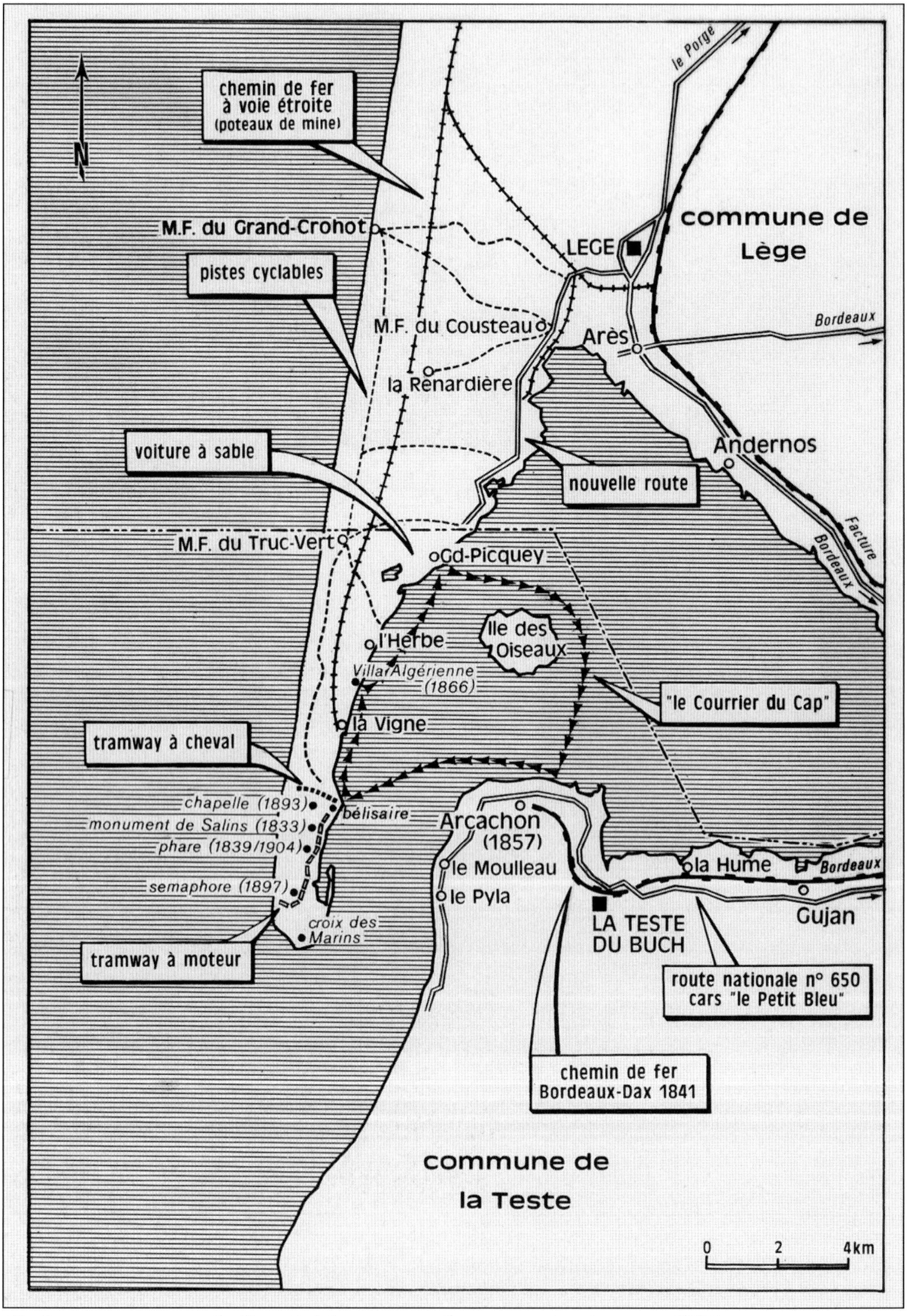

Ce document montre la diversité des moyens de communication vers 1930.

Le mode de déplacement le plus original et le plus spécifique des landes est l'emploi d'échasses. Les bergers utilisaient les échasses qui leur permettaient de surveiller leurs troupeaux dans les marais et au-dessus des bruyères. Un long bâton leur servait de balancier quand ils marchaient et de point d'appui quand ils voulaient se reposer. A Arès, le facteur des dunes utilisait lui-aussi des échasses.

C'est à Arcachon qu'est né le premier groupe folklorique d'échassiers danseurs, à l'initiative de Sylvain Dornon (1857-1900), boulanger. En 1889, il a grimpé les deux premiers étages de la tour Eiffel et en 1891, il a réalisé le trajet Paris-Moscou sur échasses.

Comme dans de nombreuses autres régions de France, au début du siècle, les attelages de chiens étaient assez fréquents. A Arès, comme l'indique la correspondance de 1918, un attelage de deux chiens servait à promener les enfants.

"Petite et jolie, une ânesse/ Nous regarde, l'oeil curieux/ Et son instinct mystérieux/ Ne refuse pas la caresse..." (Gilbert Sore, 1968).

A partir de 1850, les attelages de boeufs sont remplacés par les attelages de mules, plus rapides et plus résistantes, en particulier dans les transports forestiers.

Les modes d'attelage confirment les liens entre l'arrière-pays landais et le pays de Buch. Au "ca", char à quatre roues, en bois plein, et même à l'ancienne charrette ou "bros" a succédé vers les années 1930, la charrette "de caoutchouc", c'est-à-dire celle qui a adopté les pneumatiques.

Pour traverser les dunes ou les forêts littorales, il était indispensable d'emprunter la voiture à sable. Cette voiture, utilisée aussi bien pour les livraisons que pour les excursions, était munie de larges jantes et en général attelée de deux chevaux en tandem.

Avec la mise en place de routes sur tout le pourtour du Bassin disparaît cette originale voiture. Vers les années 1930, les excursions pouvaient être effectuées avec les six-roues Renault ou les autochenilles. Il en coûtait de 25 à 50 francs la place.

Un bâtiment à vapeur, *Le Courrier du Cap*, pouvant transporter cent-cinquante passagers, et partant des débarcadères d'Eyrac et de la place Thiers, assurait toute l'année le service avec le débarcadère Bélisaire, au Cap-Ferret. En saison, d'autres vapeurs renforçaient la desserte. De nos jours, plusieurs dizaines de vedettes insubmersibles assurent les liaisons et les excursions sur le Bassin.

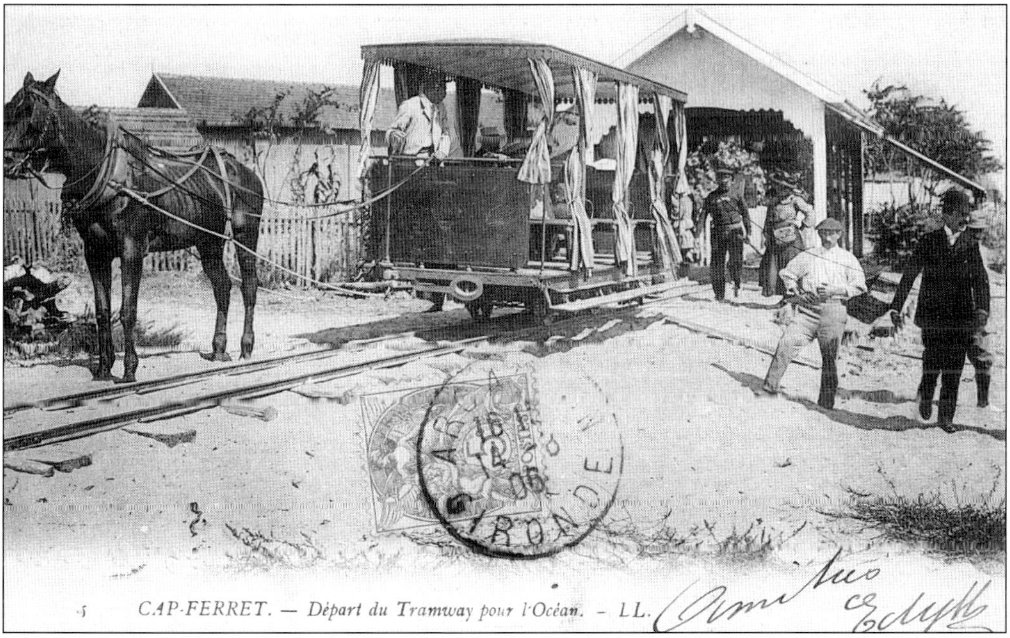

A La Pointe, un petit tramway traîné par un cheval faisait traverser le Cap-Ferret et amenait les promeneurs sur le bord de l'océan. Une ligne reliait aussi la jetée de Bélisaire au débarcadère de La Pointe. Vers les années 1920, le tramway à cheval a été remplacé par un tramway automoteur.

La ligne de chemin de fer Bordeaux-La Teste a été inaugurée en juillet 1841. C'était la quatrième ligne ouverte aux voyageurs en France et la première du grand Sud-Ouest. La section La Teste-Arcachon a été inaugurée le 26 juillet 1857.

Il y a aussi de nombreuses initiatives publicitaires. Les affiches ferroviaires ont cherché à susciter le désir de voyage et de séjour arcachonnais en empruntant le chemin de fer. De nombreuses actions de promotion sont entreprises, en particulier auprès des journalistes.

Très rapidement, l'automobile devient le principal mode de transport. La route entre Bordeaux et La Teste ne devint route départementale qu'en 1811. Elle fut empierrée entre 1824 et 1844. Selon André Rebsomen, vers 1928 "*une route récente venant de Lège jusqu'à Pauilhac ou Petit-Piquey, permet aux autos de pénétrer assez avant dans cette région, en attendant qu'on poursuive cette voie de communication jusqu'au Cap-Ferret*".

Le 13 avril 1897, pour la première fois, une automobile roula dans les rues d'Arcachon, une Panhard-Levassor, qui mit une heure quarante-six minutes pour parcourir les soixante kilomètres entre Bordeaux et Arcachon. Le 11 octobre, ce véhicule traversa Salles. Des lignes d'autocars furent créées. En 1928, les autocars de la Côte d'Argent assurent, entre Le Moulleau, Pyla et Arcachon, la correspondance des voyageurs et de leurs bagages avec tous les trains.

Les activités agricoles traditionnelles étaient très précaires. Les sols sont extrêmement pauvres et acides. Certes, quelques sites privilégiés abritaient de petites vignes ou des treilles, comme à Bélisaire.

Les champs proches des villages étaient enrichis de fumure et du "coup", boue que les gens du pays allaient récolter, à marée basse, sur les prés salés. Du début du XVIIIe siècle au milieu du XIXe siècle, toutes les grandes tentatives de mise en culture ont échoué. Cette agriculture difficile a cependant connu une mécanisation. En 1954, il y avait une quinzaine de tracteurs à Belin et Beliet et sept ou huit à Salles.

En 1928, le dernier des moulins à vent de la région subsistait à Mestras, près de la grande route. Sa toiture faite de "tuiles" en bois a été préservée des coups de vent grâce à un lierre. Sur le linteau de la porte sud on lit une date : *1815*.

En 1708, il y avait au pays de Buch au moins douze moulins à vent et six moulins à eau. Au début du siècle, il ne subsistait plus que trois moulins à vent en ruines : outre celui de Mestras, un sur les prés salés de La Teste et un autre au port de Larros à Gujan. Les moulins à eau ne leur ont pas survécu de beaucoup.

L'élevage est resté pendant longtemps une activité importante. En effet, jusqu'au XVIIIe siècle, les landes étaient d'immenses terrains de parcours pour les troupeaux de moutons. A partir de 1863, les droits de pacage ayant été cantonnés, la lande devint progressivement forêt. L'élevage ovin recula fortement.

Les petites vaches testerines ou cabanistes furent remplacées par des espèces laitières et à viande, pour répondre aux demandes des estivants et curistes. De même, disparurent les bournacs, ruches construites avec les racines de gros pins fendues, amincies, tressées et enduites extérieurement de bouse de vache. La pratique de l'étouffage des abeilles laisse place à l'apiculture.

Avec l'arrivée de nombreux touristes et curistes, la consommation de viande et de lait s'est accrue. La production et la distribution s'organisèrent. La vache bretonne fut introduite après 1789.

Voici selon le docteur Lalesque en 1919, une cure d'alimentation ou cure de repos modèle : à 8 heures et demie : chocolat, petit pain, croissant, beurre. A midi : 2 oeufs, 70 grammes de viande crue, lait, veau, côtelette, dessert (appétit assez bon). 4 heures et demie : un verre de lait, gâteau sec. Dîner : 2 oeufs, 65 grammes de viande crue, lait, poisson, boeuf mode, poulet, un peu de dessert (appétit assez bon). 9 heures : un grog.

Le gibier de passage améliorait sérieusement les repas des Bougès ainsi que leur revenu. Ce gibier était très abondant, en particulier le gibier d'eau, en masse toute l'année. En septembre passent les tourterelles, en octobre les petits oiseaux, en octobre-novembre les palombes et les grives, tout l'hiver les bécasses, etc.

Vers 1914, un bateau spécial (*Patron Cléo*) conduisait les chasseurs au Cap-Ferret. La chasse à la tonne en particulier, sorte de chasse nocturne au canard, était très appréciée des amateurs. Le personnage que l'on voit à la lucarne de la tonne est Bandens, vieux chasseur d'Andernos fort réputé.

L'exploitation des résineux est fort ancienne. Le pot ascensionnel de Pierre Hugues (1794-1850) a remplacé le mode de gommage "au crot" (trou creusé au pied du pin pour recueillir la résine). Le *hapchot* associé à l'usage de la *tchangque* ou *pitey* (échelle à gradins) a été remplacé par le *rasclot*, lame à long manche. A partir de la fin du XIXe siècle, le pin maritime est "l'arbre d'or".

Certains historiens voient l'origine du toponyme Arcachon dans *arcanson*, nom du brai sec ou de la colophane. Les procédés de fabrication des brais, goudrons et poix ont évolué. Une fabrication est restée, beaucoup plus traditionnelle, celle du charbon de bois.

Le pin maritime fournissait aussi du bois pour les échalas, les poteaux de mines, les poteaux télégraphiques et les traverses de chemin de fer. Or la Leyre est flottable sur une longueur de 34 kilomètres. A partir de Moustey, les troncs de pin étaient reliés ensemble pour former de longs radeaux manoeuvrés jusqu'au Bassin par les radeliers.

Les produits résultant directement de la distillation de la gemme étaient la pâte et l'essence de térébenthine, les colophanes et les brais. De nombreuses et petites entreprises sont créées à partir du XIXe siècle pour le traitement de ces produits. L'usine de La Cellulose du Pin, à Facture, une des plus importantes entreprises actuelles sur le Bassin, a commencé à fonctionner en 1928.

C'est à partir de 1860 que le sciage mécanique en forêt a remplacé le sciage à la brasse. Vers 1885, apparaît la scie à ruban. Henri Frugès, industriel bordelais, possédait à Lège une entreprise de fabrication de caisses. En 1920, il y fit construire, par Le Corbusier, des maisons pour ses ouvriers.

Au XIXe siècle, une petite métallurgie s'est aussi développée. Elle utilisait la "mine" ou minerai de fer, assez pauvre, mélangée à l'alios et à la *garluche*. Les forges de Béliet ont été créées en 1797 et abandonnées vers 1850.

A Facture, à Biganos et à Belin des verreries ont été créées au début du XIXe siècle, utilisant le sable blanc. C'est dans l'ancienne verrerie de Belin que Louis Cazenave a installé et développé son entreprise de fabrication de cycles. Elle connu une certaine notoriété avant de disparaître récemment.

V
Les Bougès et la mer

Les paroisses riveraines du Bassin étaient les seules où la population pouvait se livrer à la pêche. A partir de 1789, les femmes aussi s'engagèrent dans les *pariadges*, équipages formés pour le *péougue* (de *pelagus*, l'océan en latin). En 1843, il y avait 400 marins et encore 150 femmes sur les chaloupes. L'accès à la mer à travers les sables n'était pas une entreprise de tout repos.

C'est une des plus anciennes cartes postales du Bassin (1896). Ce cliché va rester pendant des décennies inchangé et le plus diffusé. Le phare du Cap-Ferret, érigé en 1839, puis transformé en 1904, a été reconstruit en 1944, après sa destruction par les Allemands. C'est resté un des lieux d'excursion les plus fréquentés.

En effet, l'océan communique avec le Bassin par des passes particulièrement dangereuses pour les bateaux. Des sémaphores ont été construits vers 1815, l'un au Cap-Ferret, l'autre à la pointe d'Arcachon. Ils ont disparu vers 1835. Le sémaphore d'Arcachon, construit en 1855, sombre dans le chenal en 1899. Mais dès 1895 avait été entreprise la construction de l'actuel sémaphore du Cap-Ferret. Depuis, la radio a pris la relève des signaux optiques.

Entre 1836 et 1860, les naufrages ont été nombreux. Les pinasses qui franchissaient les passes étaient non pontées. Au Cap-Ferret, le monument de Salins commémore une noyade sur le Bassin, en 1833. Une croix des marins a été dressée, comme dans de nombreuses autres paroisses du littoral, à La Pointe, en 1872. Le 28 juillet 1969 a été inauguré à l'entrée du port d'Arcachon le monument élevé à la mémoire de tous les péris en mer.

Les sardiniers ne s'échouèrent pas que sur le rivage du Bassin. Au début du siècle, les chalutiers d'Arcachon allaient pêcher sur les côtes de Terre-Neuve et d'Afrique. Le 25 février 1908, un chalutier à vapeur, le *Baleine*, s'était échoué au Cap-Juby. L'équipage, prisonnier des Marocains, n'a été délivré que le 10 avril 1908, ce qui avait provoqué une grande émotion à Arcachon.

La pinasse, bateau en pin à fond plat pour faciliter les échouages, de forme effilée pour fendre les vagues, avait une longueur moyenne de 5,50 mètres pour une largeur maximum de 1,50 mètre. L'équipage était en général formé de deux pêcheurs, manoeuvrant la voile ou les avirons. Le mât, formé d'un tronc de jeune pin, était mobile et incliné en fonction de la direction du vent.

Avant l'apparition du bateau de pêche à vapeur, les pêcheurs utilisaient trois types d'embarcations : la tillole (employée qu'à l'intérieur du Bassin), la pinasse qui ne s'éloignait pas des côtes et la chaloupe qui était la seule embarcation à affronter la haute-mer. Ainsi, de grandes pinasses montées par une douzaine de rameurs étaient utilisées pour la pêche à la sardine.

Avant 1900, les coques des pinasses étaient passées au noir uniforme. Puis elles ont été recouvertes de peinture multicolore. Les pinasses sont devenues des pinassottes, aux silhouettes plus légères et plus courtes. Mais la grande transformation, c'est l'adoption du moteur.

En 1898, le premier bateau à moteur apparaît. Les ateliers Couach et Castelnau se spécialisèrent dans les moteurs marins et créèrent des modèles pour la pinasse. La première pinasse motorisée est équipée en 1905 à La Teste, d'un moteur Couach. La pinassotte est devenue une pétrolette. Durant l'été, elle promenait les "estrangeys" sur le Bassin, de plus en plus sillonné par les canots automobiles des plaisanciers.

En 1925, il y avait 1 800 bateaux de plaisance, en 1965, 8 000. Sur les courants et canaux qui relient les étangs des landes était aussi pratiqué le canoë canadien à pagaie.

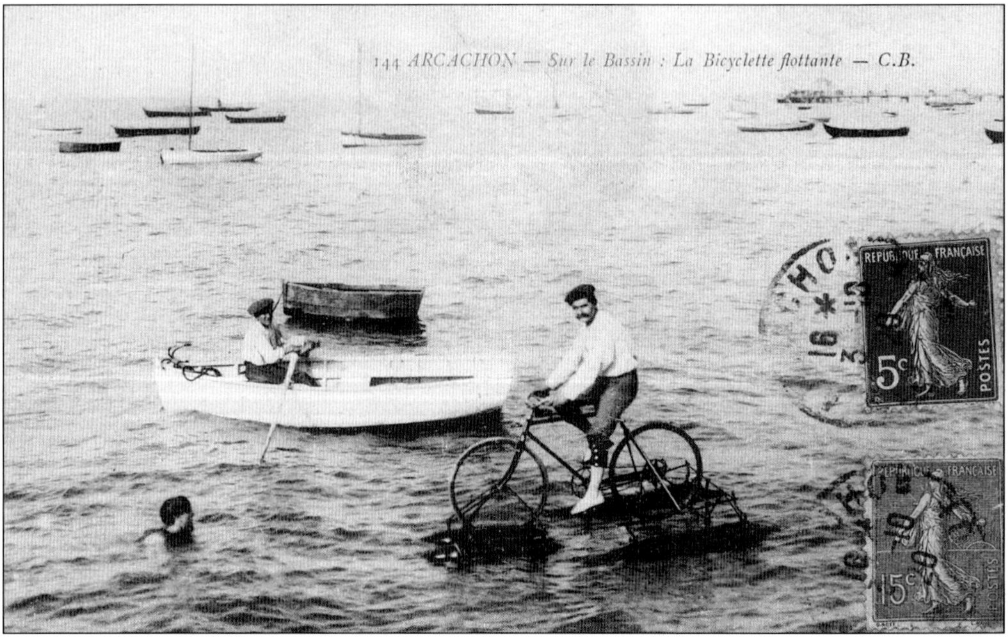

Il y a aussi une spectaculaire démonstration de bicyclette flottante. Mais les amateurs du sport vélocipédique sont plus nombreux. Ils utilisent les pistes cyclables, en particulier celles de la presqu'île.

Le Bassin a d'abord été un espace de travail avant de devenir un lieu de plaisance. Les types de pêche sont très anciens et très divers. Ainsi, la courtine est un filet posé sur le sol des crassats, entre des piquets. Dès que la marée commence à descendre, le filet est accroché en haut des piquets.

Sur les rivages de l'océan, l'été, les pêcheurs prennent des dorades, des loubines, des maigres et des soles à la senne. La senne, ou *traïna* en gascon, exige une vingtaine de participants. Ce type de pêche consiste à encercler dans un filet un banc de poissons qui est ensuite traîné à terre. Pour cela, un groupe est à terre, l'autre dans une pinasse qui porte le filet.

Un des poissons particulièrement pêché est la sardine (ou *royan* en gascon). La pêche a lieu dans l'océan l'hiver et dans le Bassin à la belle saison car la sardine rentre au printemps pour en repartir à l'automne.

Le filet utilisé est la *shardineira*, filet droit dérivant, mesurant une quarantaine de mètres de long à six mètres de tombant. Une fois le filet en place dans l'eau, on appâte le poisson en jetant de la rogue (*raba* en gascon), oeufs de morue salés et mélangés à de l'eau et à du sable. La sardine se prend la tête dans le filet. Dans l'entre-deux-guerres ce système disparaît avec l'utilisation des pinasses sardinières à moteur qui pêchent sur le modèle des morutiers de Terre-Neuve.

En 1904 étaient inscrits 3 629 pêcheurs, 2 233 pinasses et 25 chalutiers à vapeur. En 1910, Arcachon était le second port de pêche en France, grâce à sa flotte de chalutiers (39 sur 200 pour toute la France).

L'importance de la pêche industrielle maintenait un trafic maritime non négligeable avec l'Angleterre (charbon anglais contre poteaux de mines des Landes). Mais les poissonnières continuaient à apporter les produits de la pêche à Bordeaux et cela depuis des siècles, dans des charrettes. Depuis, ce transport s'est modernisé.

En 1836, le premier chalutier à vapeur du monde est armé à Arcachon. Ainsi, à partir du milieu du XIXe siècle, se développent la pêche au chalut et la propulsion à vapeur. C'est l'installation à Arcachon, en 1866, des toutes premières pêcheries industrielles de France.

Des installations modernes permettaient d'effectuer en peu de temps les opérations de déchargement d'expédition du poisson. La dernière conserverie a disparu en mai 1964 à La Teste. Les deux derniers chalutiers de moyen tonnage ont été désarmés en 1969. La pêche est redevenue exclusivement artisanale, mais avec des techniques toujours améliorées.

De 1768 à 1772, le marquis de Civrac, captal de Certes, fit aménager des salines à Biganos, Audenge et Lanton. Ces marais salants furent reconvertis en réservoirs à poissons à partir de 1780. Ces réservoirs munis d'écluses étaient destinés à capturer le poisson du Bassin. En 1897, il y avait encore une dizaine de réservoirs de ce type.

En 1854 eut lieu l'adjudication de divers marais à sangsues à Lège. L'élevage des sangsues se développe en raison de son utilisation pour les saignées, traitement très prisé jusqu'à une période récente.

La reine du Bassin reste l'huître. Les huîtres y sont renommées depuis fort longtemps ; Rabelais mentionnait déjà les "*huystres de Buch*" au XVIe siècle. Avant la création des parcs, les huîtres provenaient de la cueillette ou du dragage. La cueillette était réservée aux femmes et aux enfants comme la récolte des autres coquillages. Les hommes pratiquaient le dragage.

Par leur excès de prélèvement, les gisements naturels, en dépit d'une sévère réglementation, furent épuisés. En 1764, furent effectués les premiers essais d'ostréiculture à Audenge par le marquis de Civrac. Le premier parc à huîtres fut aménagé vers 1849 dans la partie sud de l'île des Oiseaux. Le Bassin devint, au XIXe siècle, l'un des plus importants centres ostréicoles de France.

Le chaulage des tuiles, ainsi que la caisse ostréicole, dite ambulance, sont deux découvertes faites en 1866 par Jean Michelet (1835-1905). En effet, pour assurer la reproduction de l'huître, il faut fixer sa larve (naissain) pour pouvoir la récupérer et l'élever en parc.

Il faut aussi pouvoir décoller le naissain de son support sans le blesser. Ainsi, le chaulage des tuiles permet un détrocage facile. Les tuiles immergées jouent le rôle de collecteurs de naissain. Les jeunes huîtres blessées sont placées dans des caisses, ou ambulances, dans lesquelles les coquilles fragiles peuvent se réparer.

En 1870, 1 500 hectares du Bassin étaient occupés par des parcs à huîtres ; 4 750 en 1900 et actuellement environ 1 000 hectares. En 1905, plus de 400 millions d'huîtres ont été commercialisées. La production actuelle serait de 10 000 à 13 000 tonnes.

L'huître indigène était la gravette, l'huître plate. En 1907, l'huître portugaise est importée. En 1920, une maladie ruina les parcs d'huîtres plates, épargnant les portugaises. Vers 1966, une nouvelle maladie atteignait la portugaise et il fallut acclimater des huîtres japonaises. L'ostréiculture est donc une véritable aventure et un combat permanent pour sa survie et pour la qualité de son produit.

VI
La fête

VIERGE MIRACULEUSE. — Chapelle des Marins.

Un des actes fondateurs marquant le passage de l'antique pays de Buch au bassin d'Arcachon est la découverte, en 1519, par l'ermite Franciscain Thomas Illyricus, sur la plage, d'une statue de la Vierge roulée par les flots et provenant probablement d'un navire ayant fait naufrage. C'est un albâtre anglais, oeuvre du XIVe siècle. Le cardinal-archevêque de Bordeaux, de Sourdis, accorda, le 10 mars 1626, une indulgence à ceux qui visiteraient la chapelle de Notre-Dame pour le 25 mars, jour de l'Annonciation. Ce fut à partir de ce jour qu'Arcachon eut sa fête patronale. De nombreux ex-voto témoignent de la joie et de la reconnaissance d'avoir surmonté péril et maladie.

Tempêtes et modification des passes sont les principaux dangers du Bassin. En 1996, la passe sud d'Arcachon, en voie de comblement, agonise. La passe nord, navigable depuis 1990, devrait se creuser davantage. Puis, selon l'observation des décennies précédentes, la passe nord deviendra au cours des années une passe médiane et, insensiblement, gagnera sa position sud. Ce sont des séquences séculaires.

L'environnement connaît sans arrêt des menaces nouvelles. Le réchauffement actuel du climat et les échanges commerciaux ont facilité l'intrusion de nouvelles espèces de faune et de flore, concurrentes des espèces indigènes. Depuis 1960, une douzaine d'espèces clandestines, la crépidule en 1969, le "choux" (algue japonaise importée avec les huîtres), une algue rouge marocaine, etc. ont été repérées.

L'histoire du Bassin montre que les Bougès ont su surmonter ces difficultés. L'eau et le feu sont les deux dangers traditionnels. Le 28 octobre 1882, ce fut un véritable raz-de-marée. Il faut aussi mentionner les cyclones de 1850, 1877 et surtout ceux du 14 juillet 1897 et du 13 novembre 1905.

Les bergers incendiaient assez régulièrement jusqu'au XVIIIe siècle les landes pour en améliorer le pacage. Après la loi de 1857 qui a entraîné le boisement, les incendies de forêts ont été très difficilement maîtrisés. De nombreuses mesures ont été prises. Le public a été très tôt sensibilisé comme le montre l'expérience d'extincteur de l'abbé D. Daney.

La fête populaire était en quelque sorte une indispensable compensation à des activités pénibles et dangereuses. Le 8 août 1854, c'est la première procession nautique, sous l'égide du cardinal F. Donnet. Certes, les inventaires consécutifs à la séparation des Eglises et de l'Etat provoquèrent quelques incidents au Moulleau et à Arcachon en 1906. Mais les fêtes nautiques continuèrent à se dérouler avec succès aux dates traditionnelles.

En avril 1899, c'est la première fois qu'on voit à Arcachon une bataille de fleurs. Le 10 septembre 1925, comme le montre la carte-photo, trois petites filles annoncèrent à leurs grands-parents : "*Dimanche à Andernos, il y a eu une grande fête, maman nous a fleuri notre bicyclette, nous avons eu le 1er prix*".

Durant son épiscopat, le cardinal Donnet (1837-1882) renouvela les prêtres et fit reconstruire ou restaurer la plupart des églises actuelles. Il entreprit aussi de fréquentes visites pastorales. Les 16 et 17 juillet 1873 se déroulèrent les cérémonies de couronnement de la statue de Notre-Dame-d'Arcachon. Mais désormais, pour beaucoup de catholiques, le pèlerinage essentiel est celui de Lourdes.

Dès 1862 se manifestent des signes de la déchristianisation. "*Les populations étaient attachées aux signes extérieurs du catholicisme. Cependant, elles ne consentaient pas à en accomplir les préceptes.*" (B. Peyrous). Les fêtes laïques eurent un succès croissant.

Une nouvelle forme de fête apparaît : celle du sport. Le football-rugby s'implante dès janvier 1907, sur le Bassin, avec la création de l'Union sportive testerine. En juin 1908 est créée à Arcachon une nouvelle société de gymnastique, sous la direction d'un abbé, vicaire de Notre-Dame : Les Jeunes d'Arcachon, les premiers adeptes du ballon rond à Arcachon.

Ce sport prend son essor après la Première Guerre mondiale. C'est aussi la création du Sport athlétique arcachonnais après la fusion initiée par le maire, Veyrier-Montagnères, des deux sociétés, Tout pour la Patrie et Les Enfants d'Arcachon. Mais les deux sections, rugby et football, subsistent. C'est ainsi que toute la jeune Fédération française de football, association créée en 1919, enregistra sous le n° 100 l'affiliation du Sport athlétique arcachonnais, l'un des ancêtres directs de l'actuel Football-club d'Arcachon.

Les fêtes culturelles et bourgeoises connaissent également un essor. Les casinos de la plage et de la forêt d'Arcachon offrent des distractions nombreuses et variées : concerts, théâtre, grands bals, bals d'enfants, jeux de plage, toboggan, tennis, cercle, jeu de boules, baccara, petits chevaux, etc.. Des loisirs surtout destinés aux estivants.

Le 9 août 1908, c'est l'inauguration du théâtre de la Nature, aux Abatilles. Le drame en vers du comte J. de Pesquidoux est interprété par des artistes de la Comédie française et de l'Odéon, avec le concours de la musique du 57e régiment d'infanterie stationné à Bordeaux.

Le 20 août 1848 sont organisées sur le Bassin les premières régates. Ces courses nautiques sont renouvelées le 22 juillet 1849. Elles connaissent un succès croissant et une notoriété internationale.

La Société de la voile d'Arcachon a été créée en 1882. Elle comptait, en 1920, 300 membres, dont une vingtaine de femmes. En 1896, c'est la création de l'Aviron arcachonnais, une des plus anciennes sociétés nautiques de ce type dans la région. Les courses de bateaux traditionnels ou de voiliers les plus modernes coexistent harmonieusement.

La Belle Epoque du Bassin est aussi celle des fêtes navales ou des fêtes patriotiques avec la Marine nationale, qui connaissent un grand succès. C'est le 21 août 1897 que, sur l'intervention du maire d'Arcachon, le ministre de la Marine envoie deux torpilleurs en rade d'Arcachon à l'occasion de régates.

Cette visite se reproduit le 25 septembre 1897. Le 2 septembre 1899, le *Fleurus* et le *Durandal*, jaugeant 900 tonneaux, entrent à leur tour dans le Bassin. En 1900 et en 1907, des bâtiments de guerre espagnols s'associent aux fêtes. Parmi les bâtiments habitués à ces visites, le *Cassini* est venu chaque année de 1903 à 1906.

A l'occasion de la Semaine d'aviation de Bordeaux-Mérignac, a lieu la première fête aérienne à l'initiative du maire d'Arcachon. Le 14 septembre 1910, sur quatre aéroplanes qui partent de Mérignac pour rallier le Bassin, seul l'avion de Morane atteint le but.

Les 7 et 8 avril 1912, le maire d'Arcachon dote le programme des fêtes de Pâques de deux journées d'aviation. L'aviateur Paulhan fait effectuer à cette occasion, deux voyages au maire, ainsi qu'au photographe d'Arcachon, Léo Neveu.

Le 27 janvier 1871, le ballon *Richard-Wallace*, parti de Paris assiégé, se perd en mer au-delà du Bassin avec le soldat Emile Lacaze et le courrier. Le 24 mars 1875, le ballon *Le Zénith*, parti aussi de Paris pour une exploration scientifique de l'atmosphère avec cinq passagers, atterrit à Lanton. Grâce aux baptêmes de l'air sur l'hydroplane de Paulhan et surtout à la diffusion des vues prises par Léo Neveu, l'image aérienne du Bassin peut être désormais partagée par le plus grand nombre.

Ce hangar, construit en 1932, porte l'inscription : "*Escadrille Mouillard*". En effet, de 1931 à 1951, la dune du Pilat a été un centre très actif de vol à voile. Le planeur *Pyla-Plage* a effectué son premier vol sur la Grande dune, le 29 mars 1932.

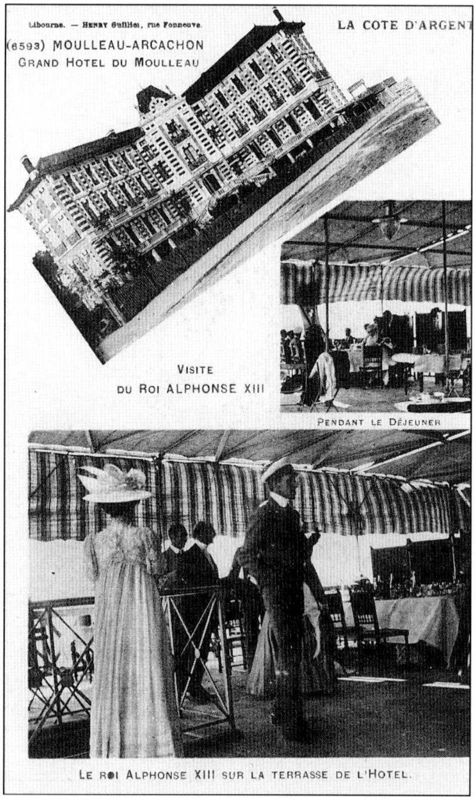

La visite de grands personnages a été l'occasion de nombreuses fêtes : Napoléon III en 1859, le prince de Galles, futur Edouard VII, en 1879, l'impératrice d'Autriche (Sissi) en 1890, Albert Ier de Monaco en 1902 et la reine de Serbie en 1907.

C'est à Arcachon qu'ont été célébrées les fiançailles du roi Alphonse XII d'Espagne avec l'archiduchesse Marie-Christine d'Autriche du 22 au 29 août 1879. Le 22 août 1907, Alphonse XIII visita Arcachon avec la reine. Il y revint en 1910 et en 1927.

Le 6 août 1896, Ranavalo III, reine des Hovas (Madagascar) est exilée à Alger où elle meurt en 1917. Mais entre-temps, la reine est venue à Arcachon du 30 juin au 25 juillet 1901. A l'époque où elle était reine à Tananarive, elle avait entendu parler d'une pièce de théâtre, jouée à Arcachon et dont elle était l'héroïne.

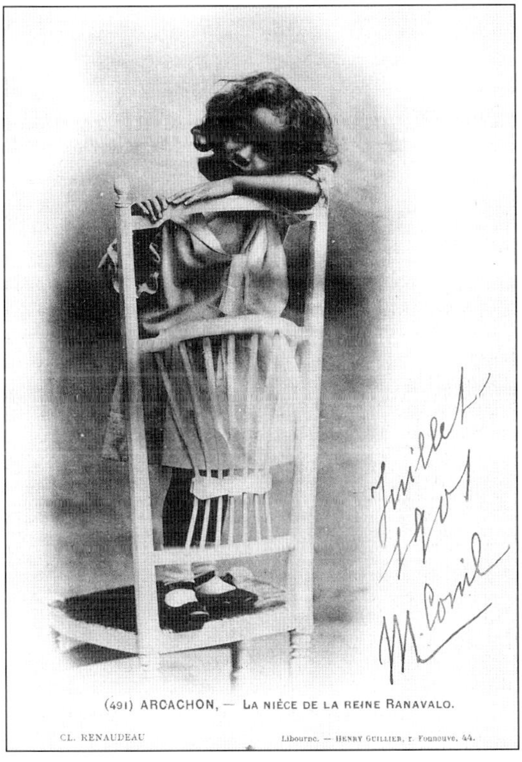

Selon *l'Avenir d'Arcachon* de 1901, "*l'aspect de la reine est intelligent, sa démarche est fière. La reine qui a 39 ans ne manque pas de grâce*". C'est ainsi que le 30 juin 1901, la reine, accompagnée de sa tante et sa nièce, la petite princesse Marie-Louise, descendit du train à Arcachon. Leur séjour est l'occasion de nombreuses fêtes.

Sarah Bernhardt (1844-1923) est venue en 1888 pour une représentation au casino Mauresque. En 1914, face à la menace de l'invasion allemande et son nom figurant, semble-t-il, sur une liste d'éventuels otages, elle se réfugia pour la durée de la guerre à la villa *Eurêka* à Andernos.

C'est à l'hôpital de Bordeaux qu'elle est amputée de la jambe droite, suite aux séquelles d'une ancienne chute, le 11 février 1915, ce qui ne l'a pas empêchée de paraître au théâtre aux Armées pour remonter le moral des poilus.

C'est Romaine Brooks (1874-1970), une artiste américaine, qui semble être à l'origine du séjour de Gabriele d'Annunzio (1863-1938) au Moulleau, en 1911-12. Son oeuvre "*Contemplation de la mort*", publiée en italien en 1912, a été écrite lors de ce séjour.

Gabriele d'Annunzio a dédié cette oeuvre "*à la mémoire de Jean Pascoli et Adolphe Bermond*", Jean Pascoli est un poète italien mort en 1912. Pierre-Adolphe Bermond (1835-1912) appartenait à la bourgeoisie bordelaise. Il était le propriétaire de la villa *Saint-Dominique* qu'il avait louée à M. Antongini, secrétaire de d'Annunzio. En 1918, la villa devient propriété de Fernand Philippart, directeur de la Grande huilerie bordelaise et maire de Bordeaux de 1919 à 1925.

Jean Cocteau (1889-1963) a fait un premier séjour au Piquey en 1917. En juillet 1923, il s'y retrouve avec des amis. C'est au Piquey que Raymond Radiguet (1903-1923) commence à écrire "*Le diable au corps*". L'hôtel Chantecler les accueille.

Jean Cocteau écrit à R. Brooks, du Piquey, le 12 octobre 1917 : "*Je vis seul sur un rivage nègre… Piquey est une sorte d'Asnières du Texas. On ne rencontre personne sauf un ou deux pêcheurs et le soleil chauffe la belle dune*". La carte postale confirme la description du poète.

La fête n'est cependant pas continuelle et ne concerne pas tout le monde. C'est la loi de 16 juillet 1912 qui réglemente en France le nomadisme et qui sanctionne le vagabondage. Arcachon devient moins hospitalier pour les chemineaux.

Les conditions de travail sont dures. Le 21 mars 1884 est adoptée la loi Waldeck-Rousseau qui permet la création des syndicats. Le 30 mars 1884 était fondé le Syndicat de marins de Gujan-Mestras, le premier syndicat français de marins et peut-être le doyen du syndicalisme en France. A partir de 1909, les crises ostréicoles et sardinières provoquent de dures grèves sur le Bassin.

Pendant la Première Guerre mondiale, sur une population de 40 000 personnes, le Bassin fournit plus de 9 000 mobilisés. Il a compté 1 068 morts et disparus. Le fils du maire d'Arcachon a été tué sur le front le 17 septembre 1914.

Comme dans toute la France, une quinzaine d'écoles, sanatoriums et casinos sont transformés en hôpitaux militaires auxiliaires ou temporaires. Cette carte-photo d'Arcachon est datée du 28 novembre 1914. "*Voici, mon cher André, une salle à manger que vous devez reconnaître et doit vous rappeler de bons moments. Elle est transformée en une salle d'hôpital d'une cinquantaine de lits et qui est placée sous ma direction. Galipaux et des étoiles de la Cie française et de l'Opéra y donnent des séances artistiques aux blessés. Ils ne l'ont pas volé les pauvres bougres !*"

De mars 1916 à octobre 1917 sont installés dans les baraquements du camp du Courneau jusqu'à 20 000 tirailleurs sénégalais. En fait, ils provenaient de tous les coins d'Afrique occidentale française et représentaient à eux seuls 102 ethnies et autant de dialectes.

Les tirailleurs sénégalais sont remplacés en 1917 par 8 000 Russes et en 1918 par 15 000 Américains. Le cimetière a reçu 900 tirailleurs sénégalais et 12 soldats russes. En 1967, un mémorial remplaça une modeste pyramide commémorative de leurs sacrifices.

Les Américains ont installé en 1918 une station de ballons dirigeables à Gujan-Mestras et une station d'hydravions au Cap-Ferret avec 358 hommes. Jean Cocteau déclara au Piquey en septembre 1918 : "*(j')envie les Américains, colosses de bronze, en costume de pâtissier, qui bondissent sur l'eau dans des tanks ripolinés, astiqués, armés de mitrailleuses et d'hélices aériennes. Qui n'a pas vu leur camp d'avions, n'a pas vu La Chose*".

Les études d'établissement d'une école aéronautique française à Cazaux datent de décembre 1913. En mai 1914 est créée l'Ecole d'aviation de Cazaux. Durant la Première Guerre mondiale, l'école a formé 12 949 élèves.

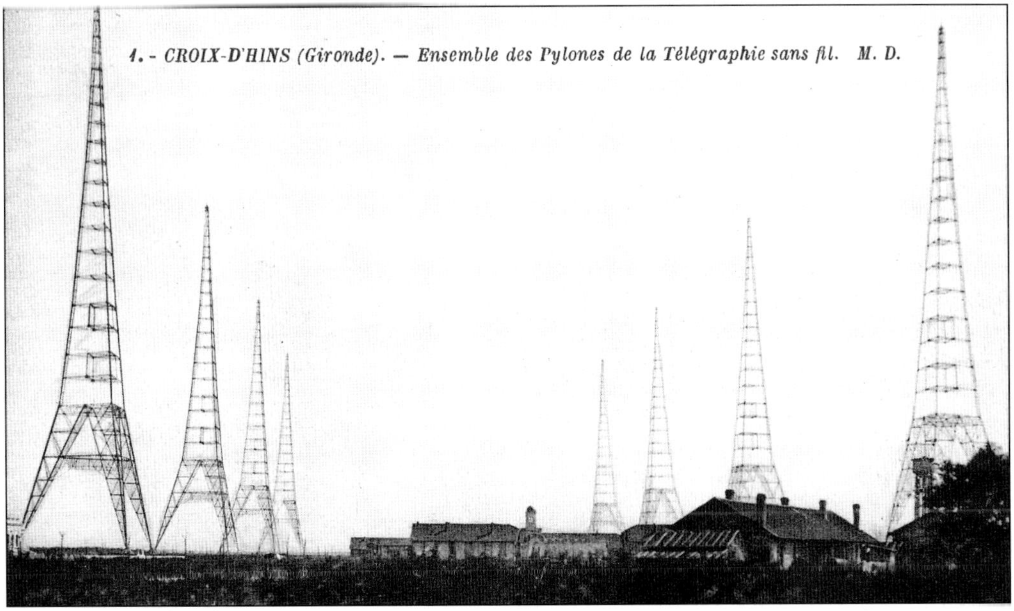

Une station radiotélégraphique, La Fayette, est construite par les Américains sur l'ancien camp d'aviation de la Croix-d'Hins d'avril 1918 à juin 1919. Son antenne constituait un exemple sans précédent : elle était de type "en nappe". La station a été détruite par les Allemands en 1944 et les derniers pylônes ont été abattus en 1951.

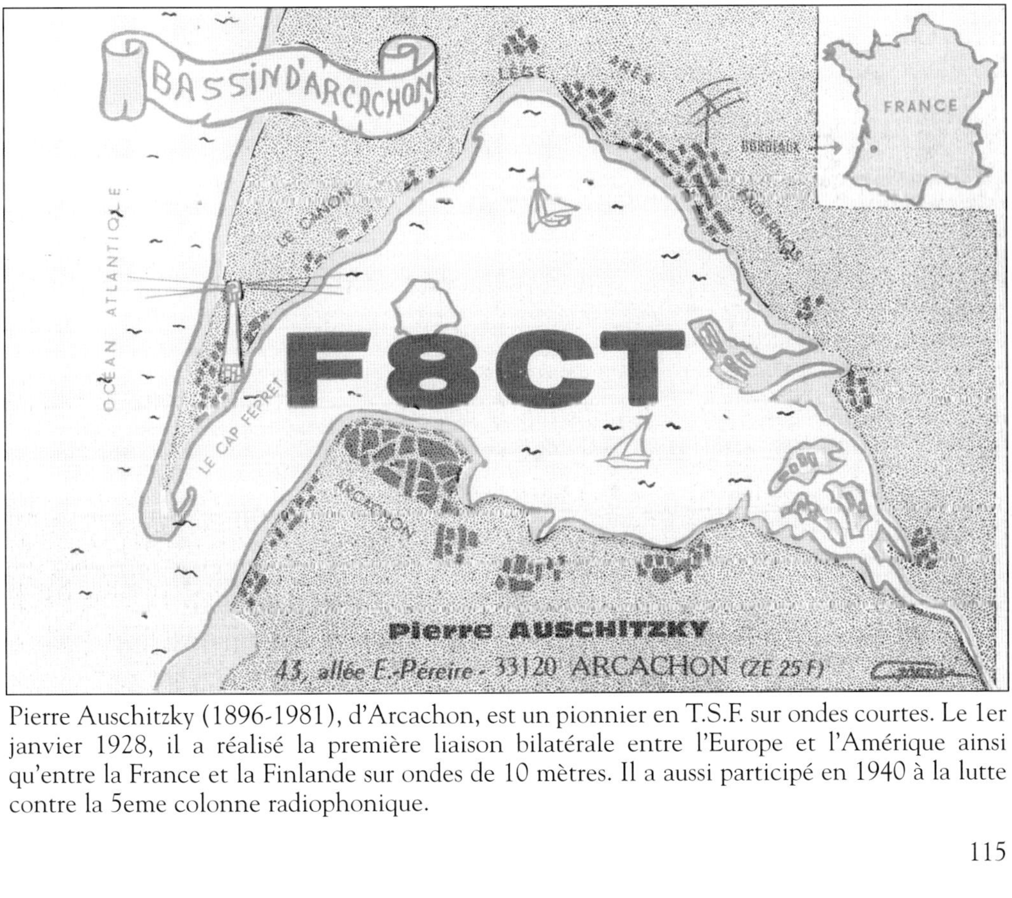

Pierre Auschitzky (1896-1981), d'Arcachon, est un pionnier en T.S.F. sur ondes courtes. Le 1er janvier 1928, il a réalisé la première liaison bilatérale entre l'Europe et l'Amérique ainsi qu'entre la France et la Finlande sur ondes de 10 mètres. Il a aussi participé en 1940 à la lutte contre la 5eme colonne radiophonique.

Les Allemands sont arrivés à Arcachon le 27 juin 1940, mais l'Occupation commença au début du mois de juillet. Avant de partir en 1944, les Allemands sabordèrent le yacht de Rommel, firent sauter le phare du Cap-Ferret, la station radioélectrique de Croix-d'Hins et, le 22 août, la jetée Thiers.

Les derniers vestiges du Mur de l'Atlantique, édifié à partir de 1941, sont en train de disparaître. Les marées creusent le sable sous les blockhaus installés sur la dune et ils s'écroulent dans l'Océan, ainsi a disparu au Pyla le blockhaus de cette carte postale de 1948.

VII
Souvenir de bonheur

Beaucoup de familles, au moins de la région, possèdent dans leur album de photos le souvenir d'un séjour arcachonnais. Remarquons au premier plan, le typique filet à crabes pour enfants et touristes.

Pour beaucoup, ce sont des souvenirs scolaires. C'est le père Baudrand des Dominicains d'Arcueil qui a tenté un premier essai d'enseignement maritime pratique avec un navire-école (1872-1880). L'école Saint-Elme d'Arcachon est née du nom de ce premier navire-école.

Ernest Valeton de Boissière (1811-1894), propriétaire du domaine de Certes à Audenge, était un militant fouriériste et révolutionnaire pacifiste. Il a fait un legs de 500 00 francs (or) à la commune d'Audenge pour l'entretien des écoles et des maîtres.

Le bonheur du séjour sur le Bassin se partage en particulier par la correspondance et l'envoi de cartes postales qui vont servir à entretenir son souvenir.

En janvier 1792, un bureau de poste est créé à La Teste. Auparavant, le courrier de La Teste restait en instance au bureau de poste de Bordeaux. En 1830, la distribution à domicile fut organisée. La poste est installée à Arcachon le 16 mai 1858.

C'est le bonheur que de pouvoir bénéficier d'un climat océanique à vocation balnéaire. Doux en hiver et frais en été, le littoral atlantique connaît un climat tempéré océanique, apparenté au climat breton, mais plus chaud et moins humide.

La température de l'air est toujours très proche de celle de l'eau, mais l'avantage est à la température de l'eau sauf en août, en novembre et en décembre. L'eau du Bassin, en raison de sa faible profondeur, subit un échauffement et un refroidissement rapides.

Dans la dénomination des villas, le sentiment de la nature l'emporte largement. Face à la nature et à son corollaire hédoniste, les prénoms constituent la principale veine d'inspiration.

L'ancienne toponymie a disparu en général dans la mémoire des bâtisseurs de villas. Les choix des noms reflètent les groupes sociaux, ainsi à Arcachon, l'érudition d'une bourgeoisie très aisée et dans des stations voisines, la veine prudhommesque de classes moyennes. La villa *Sans Nom*, en cours de construction en 1909, est celle de monsieur Boyer, chef de gare à Audenge.

Les jolies colonies de vacances... Les premières sont de 1883 à Paris. De nombreuses colonies se sont implantées autour du Bassin.

C'est le curé du Sacré-Coeur d'Agen qui dirigeait en 1932 la colonie de vacances Villa Chez Nous. Les enfants agenais chantaient : "*Histoire d'un gosse du Sacré-Coeur*" sur l'air du "*Petit Navire*". "*Il était un petit gosse, qui n'avait jamais voyagé...*"

Le séjour arcachonnais est avant tout le bonheur de nombreuses générations d'enfants. "*Enfants heureux songez aux enfants malheureux/ C'est l'heure où les enfants s'ébattent sur la plage,/ heureux de vivre, et sans souci du lendemain...*"

"*... une joie infinie éclaire leur visage,/ ils tiennent le bonheur en leur petite main.*" (Gabriel Ducos, "*La cantilène d'Arcachon*", 1926, p. 125).

"Je ne pus mettre un nom sur l'émouvante image/ Dans le flou de mes souvenirs..."

"Ingrat ! me dit ma Muse en souriant, moqueuse ;/ Et, posant sa main sur mon front/ Elle prit dans mes doigts ma palette oublieuse/ Et signa le rêve : Arcachon !..." (Maurice Martin, *"Arcachon"*, printemps 1916).

ARCACHON
BLUETTE-VALSE.
Propriété de l'auteur
PRIX: 2f
Paroles de EVARISTE CARRANCE Musique de
LODOÏS LATASTE
Paris, AU MAGASIN de MUSIQUE du CONSERVATOIRE ;
E. GELLERIN Editeur, faubourg Poissonnière, 11.

De nombreux peintres ont fréquenté le Bassin et ont trouvé dans ses paysages ou personnages des sources d'inspiration. Hermann Delpech est un peintre né à Bordeaux. Il obtient une médaille de bronze au salon des artistes français, en 1914.

Admirer les scènes de plage ou les couchers du soleil sur le Bassin reste le plaisir du plus grand nombre.

La montée du nudisme sur les plages du Bassin est dénoncée en 1933 par François Mauriac. Les cartes postales révèlent que les costumes de bain restaient forts décents jusqu'à la mode du bikini après 1946. Sur le chandail de l'homme, on lit "*Maurice maître nageur autorisé*".

La pratique entre jeunes du nudisme intégral est parfois attestée mais sur des plages retirées, ainsi à L'Herbe en 1889. Le nudisme reste jusque dans les années 1960 discret, ce qui n'empêchait pas l'ébauche de tendres idylles.

"Nue au lit nacre et perle où son coeur se caille,/ -Suave chair marine, encore palpitant-/ S'offre l'huître vivante en sa coupe d'écaille :/ Humez, buvez, mangez, elle est tout l'océan..." (Armand Got, 1956).